西洋珍職業づくし

—数奇な稼業の物語—

著　ミヒャエラ・フィーザー
挿絵　イルメラ・シャウツ
翻訳　吉田正彦

悠書館

はじめに

　この本のタイトルからお分かりいただけるように、ここに集めた職業には共通することがひとつあります。つまりそれらは別の時代のものだということです。今日ではもう存在しない職業、少なくとも私たちが暮らす中部ヨーロッパの生活圏にはもう存在していない職業なのです。仔細に見れば、古布回収業者も野蜂飼いも、あるいは刑吏だってまだ見つかるかもしれないのだけれども。それも残念ながら発展途上国に限らずに。

　コーヒー嗅ぎの仕事のように、多くの職業が同時代の人びとの日常の世界から突然消えてしまい、それを残念がる人もいません。ひょっとすると、コーヒー嗅ぎ担当兵自身を除いては。この職業が消滅した理由は、新たな輸入関税法が導入されたからでした。まさに上からの指示です。他の職業の中には、誰ももう覚えていないくらい長く続いたものもあります。たとえば低地オーストリアの蟻の蛹《さなぎ》採りは驚くほど長期に、前世紀の七〇年代まで存続していたのです。それに対してにせ医者は、彼らが駆逐した病のように、くり返し現れました。そして彼らが本当に過去においてだけ存在したのか、今日ではもう見られないのか、まったく疑いの残るところでしょう。

本書で物語られる職業の中には、その来歴を古代ギリシャ人にまでさかのぼるもの、いや、時にはさらに古く、エジプト人やもっと古い文化の図像資料を通して語られるものもあります。そうした職業がゲルマン人のもとにもあったのですし、また近代に至るまで人びとのお供をしてきたのでした。炭焼きは、他の生産品ではほとんどありえないほどに、人類の文明の構築を特徴づける産物《もの》を造り出した人たちです。けれども炭焼きたちの時代も終ってしまいました。もうずいぶん以前から、森林は木炭を作るために燃やすには余りにも貴重になってしまったのです。

本書に集められた職業の多くは、第二次世界大戦が終るまでは存続していました。その後社会は激変し、職業もまた仕事の世界も一区切りの状態になりました。いくつもの職業が新たに考案されなければなりませんでしたし、またそれ以外でも、さまざまな発明品が登場したことにより、消滅した職業もありました。石版印刷工がその例です。彼らは最盛期には、図像の取り扱いに関して、手本にとってかわるものをつくるほどになったために、今日では図像が挿入されることがあたりまえのことと思われるようになっています。図像によって多額の金を稼いだ結果、それを複製するさらに優れた方法が開発されたのでした。石版は美術印刷の手段となり、産業としてはもう用いられることはありません。

影絵肖像画家は、まだ第二次世界大戦のころには歓楽街を歩きまわって、魔術を使ったかのようにあっという間に紙切りをして見せたものでしたが、その後ポラロイド・カメラにとって代わられ、さらにそのポラロイドさえほとんどなくなってしまいました。携帯電話のデジタル・カメラを使えば、記憶の一端をはるかに速く、そして快適に撮《と》ることができます。

鯨骨加工職人のケースでは、彼らから職を奪ったのは流行《モード》です。

一番長く生き延びたのが、首都の情報伝達システムに郵便物を投入する気送郵便局員でした。一九八四年、パリの気送管網に最後の円筒が投げ込まれてこの時代も終りを告げました。今日ではもう想像できないのだけれども、わずか数十年前までは、都市には気送管の地下システムが縦横に走り、そこを手紙が行き交っていたのです。

労働とは今も昔も、まずは日々の糧を得る手段です。自分のためにも、またしばしば主な働き手の労働を支える家族のためにも。大道演歌師の場合には、子供の声も加わって口上が述べられ、その方が素晴らしいように聞こえるのでした。床磨き用砂売り人のケースでは、児童労働が行なわれた結果、子供たちはほとんどが年端もいかないまま亡くなってしまいました。一人前に育て上げることができたケースはごくわずかです。まして安全性については言うまでもなかったのです。

労働が楽しみを与えてくれることもあります。この幸運を享受できる職業はこの上なく少数ですが。でも、生きていくことができる、物乞いをせずに何とかやっていくことができるという思いが、多くの人びとに誇りを抱かせました。たとえば古布回収業者がこのことを歌にしています。本書で蘇《よみがえ》った職業のうち、手工業者同職組合《ツンフト》——日々同じ問題と対峙し、立法者や注文主たちの前で団結してやっていけるよう連帯する人びとのネットワーク——に属していたのはほんの幾つかでした。

職業は当時の生活世界を垣間見せてくれる窓です。書くにあたって私が重視したのは、どの職業が正確には何をしなければならなかったかだとか、取っ手はどんな形をしていたとか、その仕事にはどんな道具が使われたかなどと、こと細かに記すことではありませんでした。それよりもはるかに重要なのは、何故その職業があったのかということでした。何が人びとにその仕事をするよう仕向けたのでしょうか。移動貸しトイレ業の場合にはこれは全く明らかです。つまり、都市が汚れ過ぎており、誰かが人びとの用便の始末をしなければならなかったのです。

すでに昔からどれほどグローバルに商いがなされていたか——これがうかがい知れるのは何もビー玉造りの職人の例だけではありません。彼らは海戦で用いられる石の球を、テューリンゲンで石灰石をたたき割って造っていたのです。どれほど大勢の海賊がこのいまいましい石の球を呪ったことでしょう。テューリンゲンの石の球が職人たちの移住した街々の建物の壁を飾っている様は、私には大事なことに思われました。テューリンゲンの人びとがそもそも何ゆえ石の球を造ろうと思うに至ったのか、その理由と全く同様に、であります。

イルメラ・シャウツと共に私は、二年にわたって目を見はり耳をそばだてながら、すでに滅んでしまった職業を捜したのでした。時には長編小説を読んで出会った脇役の男のことをもっと詳しく調べてみようと思ったこともありましたし、私たちが関心を持っていることを友人に話して、わくわくするようなヒントをもらったこともあります。二人の意見がひとつの職業に絞られると、私たちは図書館に出かけ、そこで幾つもの宝を掘り当てたのです。たとえば輿担《こしかつ》ぎを扱った一七三七年の本は素晴らしいものでした。私たちは厳粛な気持ちでベルリン国立図書館の貴重書閲覧室に坐り、この本に読みふけりました。もう三百年以上も前にある男性が、細かいことへの愛着、分ることはすべて集めようという願望をこめて書いた、私たちを魅了するこの本に。著者は当時すでに世界中の輿に関するあらゆる規則を書き留め、完璧な輿というものがあるとするなら、どういうものか思案を巡らせたのでした。そんな姿勢で書いていますので、今日でも私たちは彼に従ってその世界に入っていくことができるのです。

ここに挙げた以外の職業、たとえば床磨き用の砂売りには、図書館でもまたインターネットでも、調査の糸口を見つけることはできませんでした。でもこの職業が魅力的でしたので、私たちは腕を拱《こまね》いたりはしませんでした。ドイツの地質図を調べ、砂岩がどの地方で産出するか見つけ出しました。その後で私たちはそれぞれの地方の役所に電話をかけたのです、この件について何か書いている郷土史家がおいでになりますかと。いました。でも彼らの書いた記事が目録化されているケースは稀でした。彼らは進んでコピーを送ってくれました。私の祖父でさえ、まだ砂売り人を思い出すことができて、彼らが床磨き用の砂を売り歩く時にうたった歌を、私のために歌ってくれたのでした。九〇年以上たっていたのに、祖父はその歌を正確に記憶しており、節回しさえ知っていたのです。私がOの音がある時代の感情を最もよく伝えていると思って、何度も本をめくっては引用をくまなく探している間に、イルメラ・シャウツはイラスト用に、服飾関係の書籍、古い銅版画や挿絵を捜しまわりました。単に今日ではもう存在していないものを出来るだけ正確に描こうというだけでなく、ある職業の特性を再現するためでもあります。

今まだ私たちの手元に届いていないのは、私たちが調べたり書いたり、挿絵を書いたりした時と同じように、読者もこの本を読んで大いに楽しんで下さるであろうか、その回答です。

消滅してしまったけれども、ここに挙げていない職業を示唆していただければ幸いです。情報は Berufe@Michaelavieser.de にお寄せ下さい。

ミヒャエラ・フィーザー

ベルリンにて　二〇一〇年七月

目次

はじめに——i

1 移動貸しトイレ業 Abtrittanbieter 2
公衆トイレが設けられる以前、十八世紀中葉から十九世紀末のヨーロッパの都市で、見本市などの際に有料で仮設トイレを設置した

2 何でも呑みます屋 Allesschlucker 12
歳の市やサーカスのアトラクションでとんでもない物を呑み込み、また吐き出して見せる芸人。ヨーロッパでは十八世紀から二〇世紀中頃まで

3 蟻の蛹《さなぎ》採り Ameisler 20
蟻の蛹を集めて乾燥させ、薬または鳥の餌として販売。中部ヨーロッパで一九二〇年代まで、低地オーストリアでは七〇年代まで

4 乳母　Amme　28

実母に代り、赤子に母乳を与える女性の職業。古くから知られ、二〇世紀に粉乳が登場するまで広くおこなわれた

5 大道演歌師《ベンケルゼンガー》　Bänkelsänger　38

町の広場などで、悲惨なあるいは残酷な事件を数コマで描いた布製の絵巻を掲げ、手回しオルガンなどの演奏に合わせてその内容をうたいあげる。一六〇〇年頃から一九二〇年頃まで

6 鯨骨加工職人　Fischbeinreißer　46

Fischbein「魚の骨」とは鯨の鬚《ひげ》のこと。弾力に富むところから、仕立て屋や装身具職人からの需要が多く、大人の背丈ほどの鯨鬚《げいしゅ》を切断して売買した。一五〇〇年以降二〇世紀初頭まで

7 洗濯職人、小便壺清掃人　Fullone / Urinwäscher　58

古代ローマの清掃人。小便から独自の洗剤を考案し、男性用長衣《トーガ》を洗濯した。後のヨーロッパではウール地の加工職人

8 コーヒー嗅《か》ぎ担当兵 Kaffeeriecher
不法に入手したコーヒーの隠し場所を、嗅覚を頼りに探し出す。フリードリヒ大王により設けられた老練兵向きの職
68

9 従僕トルコ人、宮廷ムーア人、島勤めインディアン Kammertürke / Hofmohr / Inselindianer
バロック期にヨーロッパの王宮に仕えた異国人従僕たち
76

10 炭焼き Köhler
青銅器時代から二〇世紀初頭まで
90

11 蠟燭《ろうそく》の芯《しん》切り係 Lichtputzer
芝居上演中の舞台で、一定時間ごとに照明用蠟燭の芯を切る
102

12 石版印刷工 Lithograph 110
一七八九年、アロイス・ゼーネフェルダーが石版印刷を考案、二〇世紀初頭にオフセット印刷によりとって代わられる

13 屑屋、古布《ルンペン》回収業 Lumpensammler 122
印刷機発明以降、第二次大戦開戦まで。古布、古紙、クズ鉄等の回収とリサイクル

14 ビー玉職人 Märbelpicker 130
信仰上の理由から南ドイツを逃れ、中部ドイツのテューリンゲン地方に定住したプロテスタントの中に、故郷の特産品、石灰石のビー玉造り職人がいた。十八世紀後半、新天地での彼らの職業《しごと》は…

15 ロザリオ職人、琥珀《こはく》細工職人 Paternostermacher / Bernsteindreher 140
十二世紀以降

16 にせ医者 Quacksalber 150

にせ医者、にせ歯科医。十四世紀以降十九世紀まで

17 気送郵便局員 Rohrpostbeamtin 162

一八六三年にイギリスで気送管を利用した郵便が導入。パリではナポレオン三世の時代に導入され、「灰青色の用紙」に印刷した手紙を、二六九マイル（四三〇キロ）に及ぶ市内の気送管網で送り、更に局員が自転車で配送した。通常の手紙より早く、約二時間で配送され、電報より安価だった。パリではこの方法による郵便物の送達は一九八四年に終わったが、企業内では今日でも気送管装置が稼働している

18 博労《ばくろう》 Rosstäuscher 174

馬を実際以上に良く見せかけるのみならず、時にはみすぼらしく見えるようにするなど、種々の手段を講じて馬を売った

19 砂売り Sandmann 182

室内を清潔に保つ要望が高まった一七四〇年頃から、より効果のある洗剤が登場する一九二〇年頃まで

20 刑吏 Scharfrichter 190

十六世紀半ばまでは犯罪者の処刑の他に、皮剥ぎ、らい病患者を町の外に追い払う、野犬の捕獲、家畜の去勢、野外の絞首台の設置、売春婦の管理などをおこなう。十六世紀半ば以降は死刑執行人

21 輿《こし》担《かつ》ぎ Sesselträger 202

十七世紀中頃から十九世紀末のヨーロッパで、裕福な人、貴顕などの輿を担ぐ人足

22 影絵《シルエット》肖像画家 Silhouettenschneider 210

一七七〇年頃から約二〇年、ヨーロッパの貴顕や教養階級の間で肖像を切り紙細工で作らせることが流行

23 遍歴説教師 Wanderprediger 220

時代の変革期やその直前、また世紀末などに現われ、旅を続けながら民衆にキリストの教えを説く

西洋珍職業づくし

―数奇な稼業の物語―

1 移動貸しトイレ業

Abtrittanbieter

公衆トイレが登場する前の時代に、見本市や定期市などで公設のトイレを提供する男、または女

特　徴：長いマント、桶ふたつ、強烈な臭《にお》い
活躍期：18世紀半ばから19世紀末

挿　絵：上品な紳士にサーヴィスを提供する移動貸しトイレ業の女性。紳士はホッとしてサーヴィスに応じている
背　景：ベルリンの市街地図。銅版画、1789年

一六九四年十月九日の手紙に、オルレアン公妃リーゼロッテ・フォン・デア・プファルツはこう記している。

「あの方たちはお幸せです、行きたい時にトイレにおいでになれるのですから。つまり排便したい時にできるのですから。こちらでは私ども、そのような状況にはございませんの。ここでは便の山を夕方までそのままにしておかざるを得ないのです。なぜって、森側の家にはどこにも簡易トイレがございません。運悪くそのような家に住んで、困っておりますのよ、排便のたびに屋外に出なければならないのですもの。心地よくすませたいのに、腹立たしいことですわ。それに腰を下ろさずに排便するなんて、心地よいなんて、とても言えたものではありませんもの」。

公爵夫人の手紙は今日の目には確かに上品とは思えないけれども、同時代の人びとから見れば、本心そのものを述べている。しかもフリードリヒ・シラーは、本当のことを包み隠さず書き記していると言って、夫人を褒めてさえいるのである。詩人の羞恥心を傷つけることさえなかったのだ。実際にもまた言葉の上でも、私たち自身ゲーテから分るように、おならやげっぷをすることも、また排便することも許されていた。今日ではそうするためには部屋の外に出た方がよいし、また納戸の中でしかこうした言葉を口に出すことがなくなってしまった。

公爵夫人の手紙から引用したこの一節で、はるかに私たちの目を見はらせるのは、フォンテンブローにはトイレがなかったことをうかがわせる部分である。事実、華麗なヴェルサイユ宮にさえ、そうした部屋は設けられていなかったのだ。その代わりに、もしあれば、上品な装飾をほどこした寝室用のトイレに坐るか――これは召使がうやうやしく中身を空にしてくれる――、あるいは部屋の隅やタペストリーのところで用を足した。十七世紀を通じて上流階級でも、この慣習に苦情をいう者はなかった。しかも「謁見」さえ行なわれたのだ。人びとが一緒に寝室用トイレに坐り、思い思いに口さがなくお喋りしたり、お尻のことに没頭したりしている時に。

一般の人びとの場合にはのどかな公園、狭い小路、川岸、薄暗い片隅が、用を足すのに好まれる場所であった。カサノヴァがこう伝えている。

「私たちはどこへ行くというあてもなく散歩を続け、文学やあらゆる種類の風習について語り合った。すると突然バッキンガム・ハウスの近くの左手の繁みに人が五、六人いることに私は気づいた。彼らはやむにやまれぬ用を足していたところで、誰かが通りかかると、そのたびにその人たちに尻を向けるのだった[2]」。

一五六八年の教科書には、今日であればジョークの本にでも載っているような一節がある。先生の要望に生徒が言葉どうりに答えるのだ。

先生が生徒に質問する、「君が起きてから朝食をとるまでの間に何をしたか、順をたどって正確に話して下さい。いいですか、諸君。君たちはこの生徒をお手本にするのですよ」と。「目を覚ますとベッドから降り、シャツを着て靴下と靴を履き、ベルトを締めてから、屋敷の塀のところでおしっこをしました。そして手と顔を洗って、手拭いでふきました[3]」。

生徒はただ塀ぎわで小用を足しただけでなく、そのことを大真面目で同級生に話しさえしたのである。なぜだろうか。こうしたことは当時は当たり前のことだったのだ。

家の中にトイレがある—紀元前のエジプト人やローマ人ならば、これは当然であった。だが産業革命や政治革命の時代のロンドンやベルリン市民、あるいはパリっ子はそうではなかった。「進歩」は—一八五二年の諷刺雑誌『クラッデラダッチュ』の記事はこう銘うっている—日々正午に、ブレーメン市街を支配している。街中のすべての夜間用便器が家の前に置かれて、回収の車が取りに来るのを待っている。進歩のほどは、市民がそこを足早に通り過ぎていく様を見ればわかる、と。

臭いが耐え難かったに違いない。

古代ローマには公の仮設トイレ《ラトリーネ》が一四四箇所に、また市壁沿いには一一六の男子用小便所《ピスシュタント》が設けられていたという。そうしたローマ式の豪華な仮設トイレに見られた言葉が「通りに排便すべからず、さもなくばユピテル神の怒りが汝に下されるであろう」[4]というものであった。

公設トイレ《ピソワール》の文化はローマ人とともに衰退した。近世になり、近代がやって来た。風俗は荒廃した。都市は膨張し、雑踏は激しくなり、さまざまな病気が流行した。南フランスのラヴェンダー水のどんな香りも—嗅ぎ薬用の小瓶に入れてベルトに着け、髪にふりかけ、扇であおぎ、クッションに満遍なく混入しても—、人ごみにあふれた街に充満した獣のような悪臭には、何の役にも立たなかった。人びとは逃げ出し、また猛烈な臭いと花の香りとの間で悪態をつくのだった。とにかく、どうにかせずにはいられなかった。

十八世紀の、特に目先のきいた人びとは、欠陥だらけの衛生を比較的簡単なやり方で補うことを勧めている。すなわち、大気は鐘や大砲で振動させることで消毒することができる、と信じていたのである。振動させた際に生じる落ち着かない雰囲気が、あらゆる悪疫から空気を潔めてくれる、というのだ。湿地だって、病原になる蒸気が発生するのであれば、そこに地雷を仕掛けて蒸気を潔めたってよいのだ、とバウメス氏とやらは助言するのである。地下室に安置した亡骸《なきがら》の腐敗臭のせいでミサが執り行なえなくなって、火薬で爆破される教会もあったのである。ましてやトイレなんて…。

同じ頃バイロイトでは、担当者たちがシャツの袖をまくりあげて、公衆に清潔さを厳守させるための初の公法を一七九七年に起草している。

「今後何人《なんぴと》も、昼夜を問わず、また公の場であれ自宅の玄関の内であれ、あえて己の不潔さを除去せざる場合、両親はわが子をかくも嫌悪すべき不清潔から真剣に遠ざけるべく、注意を喚起せざるべからず。さもなくは両親はこれにより罰せらる[5]」。

それからやっと半世紀、ベルリンの事情はといえば、町で初の男子用公設《ピソワール》トイレが二つ建てられたのだった。

ちょうどそうなるべき時でもあった。生活状況の変化に伴って、暮しはそれまでよりはるかに人目に触れることが多くなった。おそくとも十六世紀以降、富とはもはや財産を意味するだけではなくなっていく。経済的な強さが、とりわけ商品取引や金融取引にはっきり現われるようになった。精神面でもまた肉体面でも、動くことが肝心だった。―そして小作農が日々市場に通うように、あるいは事に当って決定権を握るお偉いさんが議論を交わすためにクラブに立ち寄るように、人びとは外を歩き回っていた。朝から晩まで。

トイレに行きたい時、人びとはいったいどうしたのだろうか。金持ちならば、馬車を呼び止めて街区をひとめぐりさせ、小用を済ませてから先へ進むことができた。あらゆることがすでに行なわれていたのである。一七八一年にフランス人ルイ・セバスティアン・メルシェルはこう書き記している。「公設のトイレが造られ、二ペニヒ払えば誰もがそこで用を足すことができる。だがもし貴族の方々の居住街区であるサン・ジェルマンにいて、腸の機能不全に襲われたように感じた時に、トイレの経営者を捜す余裕があるだろうか。…『ここで用を足すことは体罰をもって禁じられている』と表示された場所こそ、一番忙しい人が集まるところなのだ。例をひとつ挙げさえすれば、その同類が三十人はいるのだ[6]」と。

公設トイレがないところで役に立つのが、いわゆる移動貸しトイレ屋。トイレを提供するのは男のこともあるが、女性のこともある。トイレ屋は何よりもまず市場やフランクフルトの見本市《メッセ》のような商業市に出かけ、大声で人を誘うのである、私どもの桶に坐ってみませんか、と。用を足したい者は、頭だけが出る長い革製のマントに包《くる》まれる。こうして、今日であれば内々に済ませることを、人前ですることができたというわけである。テューリンゲン出身のヨーハン・クリストーフ・ザクセは、ハンブルクでひとりの女性から「坐ってみない」と声をかけられた時のことを回想している。何をしようというのか、彼が見ようとすると、「あっという間に女は自分のマントを私に巻きつけた。その下には桶が隠してあり、その臭いで私はその使い道がわかった」。彼が逃げ出すと、まわりにいた人たちが笑った。[7]

エディンバラでもこうしたサーヴィスはあったという。そこでは「一文で使えるよ《ア・ボービー》」をうたい文句にして。ボービーとは当時の通貨である。これに対してウィーンには、オーストリア・ハンガリー帝国の特権を与えられたトイレ、つまり皇室公認の「隠れ場所《レティラーデ》」があった。[8] それはいわば樽に似た小さな桶で、市のたつ広場に設置され、たくましい女たちの手で運営されていた。この町では十九世紀半ばまでは貸しトイレ業では女性が大いに活躍した。どうやら身体の隠すべきところが隠されている限り、ことを済ませている場を見られても、気に障るようなことはなかったらしい。パリの男性用公設トイレ「控えの間《ヴェスティヴュル》」の場合は、そこに居るのが誰なのか、まだ長いこと見ることはできた。ただ、身体の中程は隠されていたが。

ドイツで最初の公衆トイレは鋳鉄製だった。そのため、近所の住民が文句を言った時には——そんなことはたびたびあったのだが——、トイレを容易に他の場所に移すことができた。一八七六年にはベルリンにそうした「構築物」は五十六基あって、増えつづけていた。つまりカフェ・八角形《アハトエック》やカフェ・なまこ板《ヴェレ・ブレヒ》、マダイ聖堂《テンプル》［ベルリンに男性用小便トイレが設けられるきっかけをつくったプロイセンの官僚グィド・マダイの名を付した］、小便横丁などと銘打って、その後ヨーロッパの街々の風景になっていく。ようやく古代ローマ時代の風習が戻ってきたのだ。もっともローマの方が抜け目がなかったし、健康というものの仕組みを見抜いていたのだが。「友よ、君はあの諺を忘れているよ、〈快便ならば、医者要らず〉ってね」。

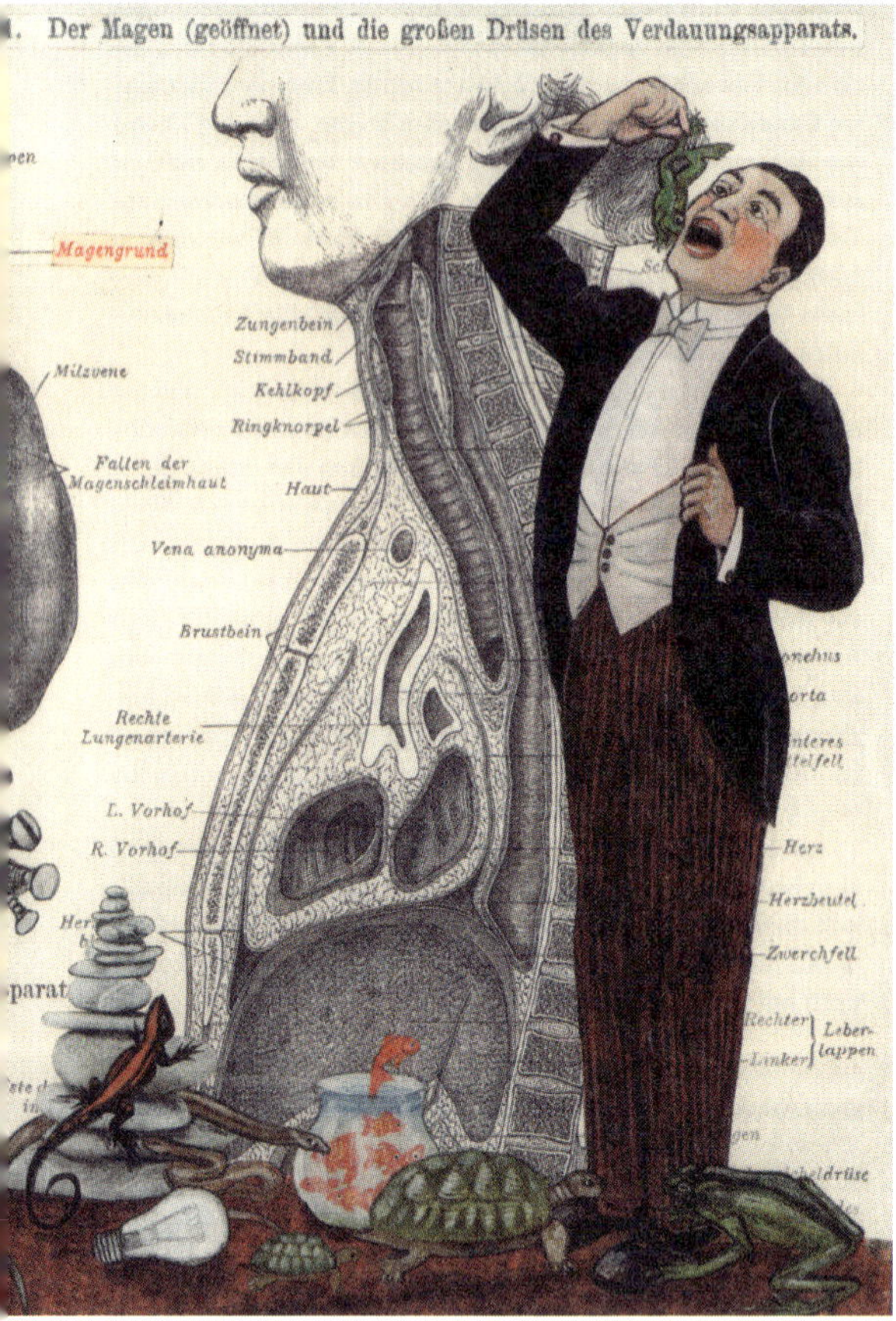

2 何でも呑みます屋

Allesschlucker

通常は男性。
歳の市やサーカスのアトラクションに出演し、
とんでもないものを呑み込み、また吐き出す

特　徴：外見では特にないが、体内については不明

活躍期：ヨーロッパでは18世紀初頭から20世紀中頃まで

挿　絵：芸に用いる、呑み込む「小道具」を手にしたマック・ノートン。人間水族館としても知られる図のモティーフはフランスのオリジナル・ポスターによる。以下はその下に記された標語

「マック・ノートン
人間水族館
私はネ、胃が四つある
四つ足の、あの哺乳動物（牛）に似た
異常な科学現象さ
パンチボウルの水220リットルを　2時間半で飲み干して
ビール100杯なんて　10分で空《から》
乾しパン1個1ポンド　208個なら48時間で平らげる
魚も亀も、蛙も水蛇も、生きてるやつを
何十匹でも　呑んでみせる
そいつらは　2時間以上腹に入れちゃおかないぞ
鯨に呑まれたヨナのように
だってその後にそいつらを　生きたまんまで吐き出すのさ
さっき水槽にいた時よりも　もっと活き活きさせてから」

背　景：『マイヤー百科事典』から、人間の内臓。多色刷り石版画

西暦一七八八年。ふたりのフランス人が気球で空に浮かぶことに成功したちょうどその年、自然を欺くもうひとつの出来事が人びとを魅了した。

「たぐい稀なる石喰い男、じつに世界で唯ひとり、石を食らって呑み込んで、ズボンのポッケにあるように、腹で鳴らして見せまする。我らがどえらい石喰い男、体の不調は知らぬこと、誰にも食えないものを喰う。さあお集まりの皆さま方よ、ひとつ一緒に火打ち石、はたまた小石をば思い浮かべて下さりませ[9]」。

その名はわからない、けれども石喰いとして有名な男を呼び物として、プログラムはこう予告している。男は石を口に入れて噛み砕き、あるいはそれをすべて呑みこんでしまう。彼の顎《あご》骨は咀嚼《そしゃく》器の代用を務め、胃はこの脂肪分のない食べ物のおかげをこうむったのだった。男はロンドンであちこちのナイトクラブに出没し、後にはニューヨークにも姿を現した。ヴァリエテのほとんどの出し物がそうであるように、この石喰い男の場合もいっぷう変わった物語に包まれている。伝えられるところによると、男は難破船の唯ひとりの生き残りとしてノールウェイ沖の小島に打ち上げられ、そこで十三年のあいだ石だけを食べて生きた。その後本土に戻ってからも、引きつづき摂生に努めているのだという。

間もなく、石喰い男には真似をする者が大勢現れた。
シデロファグス（ギリシャ語の sideros「鉄」と phagein「喰らう」をラテン語風に綴り「鉄喰い」）と名乗る男は「鉄であればどんな形の物でも喰らった。釘や針、針金、ボルト、火掻き棒と、まるで生姜入りのクッキーのように、食べるものであればなんでも持ってくるようにと、見物人は要請されるのだった[10]」。

そのシデロファグスにさえ模倣者があらわれた。ただしその全員が、自ら犯した「剽窃《ひょうせつ》」の結果に耐えて生き抜いたわけではなかったのだが。

これに対しシデロファグスの妻サラ・サラマンダーは、硝酸《アクアフォルティス》ひとすじだった。それを彼女は「低アルコール・ビールのように」飲み干した。またほかには時計を無理やり呑みこんで、腹の中からチクタクいう音を聞かせる者もあった。後にはこの他に電球も加わった。これを呑みこんだ哀れな芸人は、腹の中で点灯して見せたものである。鉄、剣、こうもり傘、小さな容器—ひとの想像力には、グロテスクという点では限界がない。タラーレという名の「何でも呑みます屋」は、ナポレオンの将校たちの手でスパイに仕立て上げられた。彼は秘密の報せの入った小箱を呑みこみ、—ばれずに盟友のもとにたどり着いた暁には—それを下の出口から回収したのである。残念なのは、この男に与えられていたのは知性ではなく、ただひとつ、胃だけだったので、この試みがくり返されることはなかった。

この関連で特に言及しておく価値があるのは、何でも呑みこむ芸人ではあるけれども、むしろ「大喰らい」と呼んだ方がよいと思われる職業グループである。すでにヴォスピツィウスが伝えているのだが、ローマ皇帝アウレリウス［在位一六一―一八〇］の宮廷には、子豚一頭と羊一頭、そしてその後で猪を喰らう農夫が招かれていたという。一五一一年にはマクシミリアン皇帝［一世、神聖ローマ皇帝、在位一四九三―一五一九］は同様に腹をすかした農夫を召喚している。彼は廷臣たちの見守る前で生のままの子牛を喰いちぎって食らうのだった。その後で農夫が羊の死骸にとびつくと、それだけでもう見世物は単調になってしまい、実演は打ち切りになった。[11] この場合、この大食い男はまだ運がよかった。デンマークの王宮には、男性十人分の食欲と体格を誇る俳優がいたのだが、彼の演技が他の俳優たちより優れているわけではないことを耳にした国王は、彼に死刑の判決を下した。つまり彼は「飲食物を喰い尽し、公序良俗を紊乱《びんらん》する者の役を演じた」のである。[12]

十七世紀、十八世紀になると大食い男はよく歳の市やイギリスの安酒場に現れた。けれども彼らにこの「商売」の正しいやり方を見せて、サーカスでやっていけるようにしてやるためには、ひとりのフランス人が登場しなければならなかった。デュフールである。彼は一七八三年以降ヨーロッパの各地で、そしてベルリンでも自前の出し物《ナンバー》をやって見せた。フランスの本物の美食家として、この大食い男は面白い演物を次々に考案したのである。それは石喰いやら、何でも喰らってしまう奴や、鉄喰いなどを、まるで退屈な芸人のように見せてしまうほどだった。

「食事はスープで始まった――油を浮かせた中に数匹のやまかがしのスープ。左右両側に果物皿が置いてある。一方の皿にはアザミと牛蒡《ごぼう》が、他方には発煙酸が入っている。時にはまた亀やねずみ、蝙蝠《こうもり》、もぐらの付け合わせに、かすかに火の点いた木炭が添えてある。魚料理の代わりには、沸騰したタールとピッチで煮た蛇料理を平らげる。焼き肉料理は森フクロウで、真紅な黄鉄鉱のソースがかかっている。サラダは、ねずみ花火だらけの蜘蛛《くも》の巣だとわかる。蝶の羽や虫の盛り合わせ。ヒキガエルの料理には蠅《はえ》やこうろぎ、バッタ、ごきぶり、蜘蛛、そして青虫で縁取りがしてある。彼はこれをみな、アツアツの火酒でもって飲み下す。そしてデザート。テーブル上の大ろうそく四本と吊ランプを中身ごと、最後には中型ランプを灯油や芯、付属の飾りを付けたまま食べてしまった。そのため部屋は暗闇に沈み、その中からデュフールの顔だけが、ちょろちょろともつれ合う赤い炎の中に浮かび上がるのだった[13]」。

デュフールは、「何でも呑みます屋」が単なる見世物芸人、つまりマニアからプロへと移行する橋渡し役を演じた。彼は、何でも呑み込むことができるという自らの才能に、特殊効果やユーモアを組み合わせたのである。サーカスのイコンとも言うべきパウラ・ブッシュ［ヨーロッパで最も著名なブッシュ・サーカスの団長］は一九五七年に出版した回想録『わが生涯の演技』で、「人間水族館」として知られたサーカスの演目について記している。最も主要な演技者のひとりがマックス・ウィルトンと名乗る男であった。「興行は、ウィルトンを燕尾服姿の騎士《フラック・カヴァリーア》として描いたポスターとちょうど同じように、強力な効果が利かせてあった。彼の燕尾服の下のドレスシャツは水槽のガラスのように光り、その向う側にウィルトン氏の体内が見える。紳士の肋骨の間を、サンゴ礁とサンゴ礁の間と同じように魚が活き活きと戯れ、肺魚が跳ね、小さな海蛇が舌をちろちろとのぞかせている」[14]。

これはもちろんいくらか誇張されている。けれどもウィルトン氏が舞台上で何を見せたかはそれとなく分かる。つまり彼は小さな桶から生きた魚と両生類とを釣り上げて、それを呑みこむ。そうしてから水を何リットルも飲み、しばらく待ってから腹の中の魚を泳がせたのである。いかにもまそうにタバコを喫い、しばらくは時のたつのにまかせてから、動物を一匹ずつ吐き出す。そして最後を飾って、観衆に噴水のように水を吹きかけるのだった。ウィルトン氏の仕事仲間のマック・ノートンもブッシュ・サーカスの「何でも呑みます屋」で、自分の出し物を「全部生きています、まだ跳ねています All alive and still kicking」という言葉でしめくくった。七十七歳で亡くなる時に彼は、自分の芸で死んだ動物は一匹もいなかったことを誇りにした。

美的な理由からもまた博愛主義的な理由からも、何もかも呑みこんでしまう芸は、今日ではもうサーカスの呼び物にはならない。二十年代、三十年代にはサーカスやヴォードヴィル・ショウでは、「何でも呑みます屋」はなくてはならない存在だったが、今日まだ舞台に上がることができるのは、唯一、剣を呑んで見せる芸人だけになってしまった。

Ameisler

3 蟻の蛹《さなぎ》採り

通常は男性。蟻の蛹を捕集して乾燥し、鳥の餌あるいは医薬品として販売した

特　徴：農夫らしい身なり。靴下は、蟻に刺されぬよう脚の上方まで引き上げて履く
活躍期：中部ヨーロッパでは20世紀の20年代まで、低地オーストリアでは70年代にも活躍

挿　絵：蟻の蛹採りとお供の女性。低地オーストリアの服装とリュックサック。蛹を採って篩にかける
背　景：『マイヤー百科事典』の挿絵。山蟻*Formica rufa*の巣の縦断面

地球上の全人類の重量は、今日ではすべての蟻の重量より重い。最近までそれは逆だった。蟻の方が重かったのだ。それを蟻の蛹採りのせいにしてしまうのは、今では簡単かもしれない。いくらか奇異に聞こえるこの呼び名は、特に低地オーストリアで、だが中部ヨーロッパの他の地域においても、地元の森で蟻塚を「収穫する」職業グループの呼称だった。蛹採りたちは鳥の餌にする蟻の蛹を捜して集め、それでよい収入を得ていたのである。

蟻の蛹を採るという仕事が遅くとも前の世紀の六十年代に、営林署によって禁止されたのはおそらく本当だろう。蟻の現存数を左右し、別の要素、すなわち生態学上のバランスに負荷を与えるというのが、禁止の理由だった。けれども普通の蟻の蛹採りの活動など、人間という種の人口爆発に比べれば、物の数ではない。なぜなら六十九億と見積もられる人間の方が、一万から十万兆と推測されるこの惑星上の蟻よりも、この数十年の間に重くなってしまったと思われるからである。[15]

一八八六年、オーストリアの郷土詩人ペーター・ローゼガーは、蛹採りについてこう記している。

「その森に行くと、君は奇妙な男に出会う。ぼろぼろの衣服からは物乞いのように見えるかもしれないが、大きな袋を背負っている。だがこの負い荷にも、また彼の手足にも…無数の蟻が右へ左へとあまりにもあわただしく走り回っている[16]」。

これ以上に精確なのが、一八九二年に出版された本『ドイツ−アルプス、ドイツ帝国およびオーストリアの地理学的特徴』である。[17] ここには蟻の蛹採り《ホモ・アーマイスラー》氏の別の立場が見てとれる。

「蟻の蛹採りは山独特の登場人物である。彼は森を歩きまわる。そこでは黒蟻が針葉樹や植物のいろいろな部分の屑を大量に運び集め、それが時には一メートルの高さの塚になる。そこに蟻は蛹を隠しておく。いわゆる蟻の卵と呼ばれるものである。蛹採りはこれを捜し当てる。この細かな収穫物は夏を何度か重ねる間にかなりの量になり、ウィーンの商人が二百グルデンで買い取ってくれる[18]」。

正確なところ、蛹採りがいつ世界史の舞台に登場したのかは不明である。蟻の蛹はよく間違えられて卵とみなされたのだが、それを鳥の餌として売ったところから見ると、蛹採りは鳥をペットとして飼うことが流行したのにともなって現れたに違いない。バビロンの捕鳥に関する著作はあるけれども、その時代には鳥はまだ鳥籠ではなく、鍋に入れられた。後に鳥が再度、今度はペットとして現れるのは、ルネサンス時代の著述や絵画である。一四四四年にあるイタリア人がウィーンを訪問した時のことを伝えている。

「市民の家は高くて広い…鳥が部屋でさえずっている[19]」。

ずっと後になり、モーツァルトが鳥刺しパパゲーノという、忘れることのできない登場人物を創り出した頃には、屋内で鳥を飼うことはクライマックスに達していたに違いない。

「ウィーン子たち、とりわけご婦人たちは啼き鳥の大の愛好家で…どの窓辺にもナイチンゲールやカナリア、鷽《うそ》、鶫《つぐみ》、雲雀《ひばり》、その他の小鳥を入れた美しい籠が吊り下げられていた」と、モーツァルトの同時代人が記している。[20]

モーツァルト一家自体はカナリアと四十雀《しゅじゅうから》、こまどり、それにのどじろを飼っていた。しかもモーツァルト家の勘定書きにも蟻の蛹は登場する。[21] 特にナイチンゲールが、この蛋白質を含む森の餌を好んだ。家庭で啼き鳥を飼うという現象はしかしながら、オーストリアだけで見られたわけではない。ヨーロッパ全域に及んでいた。この楽しみのひとつの側面に光を当ててみただけで、この趣味《ホビー》がどれほど普遍的だったか、すぐに明らかになる。イギリスの『小鳥愛好家の歓び *The Bird Fancyer's Delight*』はヨーロッパのどこでも入手することのできる小冊子だったが、その一七一四年号には、たとえば鳥のためのメロディーについて書かれており、その中に、ヘンデルの『リナルド』の行進曲が鷽のための曲として挙げられている。[22] 自分の飼い鳥がメロディーをさえずるようにと、健康な餌をより充分に与えたのであった。

誰もが欲しがるこの餌を入手するには、いろいろな方法がとられた。まず蟻塚を暴かなければならなかった。卵は陽光に温められるように、塚の比較的上層部にあるので、蛹採りはまずその層ごと、蟻塚を篩《ふるい》にかけなければならなかった。篩には小枝や樹皮、葉といった粗いごみが残り、蟻と蛹は細かいごみと一緒に、地面に広げておいた布に落ちる。布の縁は束ねて結んで篩から落ちた蟻が這い上がらないようにし、すみずみには粗朶《そだ》を置いた。そこをうまい隠れ場所として、蟻は間もなく「卵」を避難させる。蟻どもがせわしなく歩きまわっている間に、蛹採りは布に落ちた他のものをひとつひとつ取り除き、粗い布切れを使って蟻の除去を開始する。そして最後に松の粗朶を持ち上げると、そこに小さな蛹が姿を現すのだった。

蛹採りの農夫が手を抜きたい時には、もっとほかの方法がある。蟻塚の獲物を篩にかけた後で円く溝を掘り、水を満たす。その中にできた島の中央に穴を掘って粗朶を詰める。このやり方をした時も、蟻は蛹を粗朶の中に避難させるので、蛹採りはそれを空にしさえすればよい。蛹採りがもっと怠け者であれば、その穴に自分の帽子を入れておく。そうすれば蛹を掃き集める手間が省けたのである。

蛹は袋に入れて背負い、家に持ち帰って小屋で乾燥させる。長持ちさせるためである。年に二回わざわざウィーンから、小鳥の餌を商う商人がやってきた。蛹採りは前世紀の二十年代には左官職よりも稼ぎがあった。一日五キログラムの蟻の「卵」をとることができたのである。[23] それからおよそ四十年後には、ひと夏の売り上げでテレビを奮発することができたという。[24] 同じ二十世紀の七十年代までは、オーストリアの特定の地方の農家は、夏には予定を入れずに空けておくことにしていた。蟻の蛹をとることはたいていの営林署から禁止されていたか、あるいは制限されていたけれども、蛹で小遣いをたんまり稼ごうと算段していたからだった。[25]

低地オーストリアにはいくつもの地域で、蛹採りたちの行きつけの酒場さえあった。彼らがいつも席をとったテーブルの上方に彫りつけられた文句がまだ残っている。

彼　‥やあ　ミルツル。どうしてみんな面白がって
　俺たちのことを蟻の運び屋って呼ぶんだろう
彼女‥それはね、私たちが昼も夜も苦労して
　いろんな悩みごとを背負い込んでるからよ[26]

どうしても防ぎきれずに蟻に噛まれた時には、古くから定評のある家庭薬があった。たとえば両手にニワトコの樹液を擦りこんでおくと、蟻を防ぐことができた。だが強い刺激臭を感じると、蟻は巣を捨てて別に塚を作るので、蛹採りは改めて塚を突き止めなければ収穫を得ることができなかった。そこで多くの蛹採りはこの父祖伝来の処方をあきらめて、噛まれるままにせざるをえなかった。そのためなのだろうか、彼らの中にはリウマチに苦しむ者は少なかったようである。蟻の毒はこの病の痛みを緩和するのだという。他の病気の症状も、山蟻を蒸留して用いると除去することができた。一九〇八年の医学書は、蟻をアルコール漬けにし、催淫剤《アフロディシアクム》として使用するよう勧めている。「蟻酸精［蟻酸とアルコールの混合液］はヴィーナスをめぐる争いにおいて、臆病な戦士に勇気を与える」[27]と。だあれ、大きい方がいいだなんて…。

4 乳母

Amme

（ギリシャ語 Titthe）

実母に代って、子供に母乳を与える女性

特　徴：清潔な服装、無口でぼうっとしている（無口でいつも痴呆症のような様子）

活躍期：古代から知られ、ヨーロッパでは20世紀初頭にはまだ広く行なわれた。粉末ミルクの普及に伴い消滅

挿　絵：ソルビア族の衣装を着て、自分に委ねられた子供に乳を飲ませるシュプレー・ヴァルトの乳母

背　景：1896年3月11日から1900年7月5日の間に『ブラムボルスキ・カスニク』紙（低地ソルビア語の週刊新聞）に掲載されたソルビア語の広告、コットブス（シュプレー川流域の都市）の家庭のために乳母を募集している

「乳房には授乳に適した特性がなければならない。形がよく、脂肪過多や豊満すぎることもなく、固くもなくまた節やこぶが多くなく、たるみ過ぎても平らであってもいけない。乳首は清潔でふさわしい形を保ち、小さすぎてもまた大きすぎてもいけない。その上、赤子に吸われた時にはすぐに乳が出なければならぬが、溢れてはいけない。乳房は左右ともに授乳することができるように、均衡がとれていなければならない[28]」。

カルル・フェルディナント・グレーフェは一八二八年に出版された『医科学百科事典』で、適切な乳母を探し出すという切実で実践的な問題について、こう記している。どのような状況であれば、乳母に添い寝を許してよいか、あるいは禁じなければならないか、どんな栄養分が乳母たる者にとって消化しやすいかを紹介し、赤毛の乳母は雇わないように忠告する。「なぜなら彼女たちの性格は大体において偽善的であり、おまけに汗が臭いので」好ましくないのだ、と。

乳母の歴史は古代にさかのぼる。彼女たちの乳房は、母親が産褥で亡くなったり、母親自身のお乳が出ない時には、なんといっても乳児の命にとってなくてはならないものだった。雄牛の角に穴をあけた「哺乳瓶」はすでに知られてはいたが、母乳に代わる選択肢はなかったのである。牛や驢馬、あるいは山羊の乳は、均質化や低温殺菌処理がなされない時代には、無菌でもなく、またいつでも新鮮なものが入手できるわけではなかったからで、子供の健康に大きなリスクがあった。アレーテ［ドイツの代表的な粉末ミルクメーカー］だって、もとはギリシャ神話に登場する名前にすぎなかったのである。

乳母の需要は必要以上にひんぱんだった。ギリシャの医師、エフェソスのソラノス（九六－一三八）がすでに認めているのだが、女性は授乳することにより消耗し、早く老けてしまうのだという。近世まで人びとはそう思いこんでいたのだった。肉体が枯れしぼんでいくという、あまり好ましくない見通しから逃れようと、古代ローマの上層の婦人たちは女奴隷を乳母としてつかったのである。著述家タキトゥスが西暦二世紀には共有することがなかった時代の好み―タキトゥスは、ゲルマンの女性たちが子供に自分で乳を与えていると言って賛美するのだが、建国の祖ロムルスとレムスを誇らしげに喧伝するローマ文化のもとでは、彼の論証的な考え方は、自らも認めているように、弱いものであった。伝説によれば双子のロムルスとレムスは、雌狼の乳で養われたとされるからである。

乳母でよいか、それとも…。この論争は数世紀を経ても破壊力を失わなかった。ルネサンス期のイタリアの芸術家たちは「授乳の聖母《ヴィルゴ・ラクト》」像を教会堂に永遠に残しているが、実母の乳を飲んで育ったのはラファエロだけだった。幼いころに石工の妻の乳房で元気に育ったミケランジェロはこう語ったという、「乳と一緒に私は鑿《のみ》と槌とを摂取した。それによって私は幾多の彫像を作ることができるのだ」と。[29]

彼がこう語ったのには理由がないわけではない。ずいぶん昔から、月経の血が母乳になると言われてきた。母親の胎内に九カ月いる間に子供は母親の血液で育ち、生れてからは乳房から出る、血液の変性物で育つと。それゆえ、乳母の性格が子供に伝染しても不思議ではない。つまり、男児が気性の激しい乳母の乳を飲めば女々しく育つ可能性があったし、女児は似た性格の女性の乳でないと、男っぽくなりかねないというのだ。十字軍の騎士の妻、イーダ伯夫人は、三人の息子を自分の乳で育てたために──とりわけ三人はエルサレムのボードワン〔一世、一〇五八－一一一八。一一〇〇年以降エルサレムの王〕のようなすばらしい青年に成長した──、没後、聖人の列に加えられた。ある時イーダが忙しくしていた時に、彼女の召使の家の出の女が、泣いている赤ん坊たちをかわいそうに思って乳を与えた。するとイーダは赤ん坊に呑んだものを吐き出させたのだ。人の一生は、何を摂取したのかで決まるのである。

実践家だったマルティン・ルターにもこのテーマでは一家言があった。「乳房は、それらが均整がとれているなら、女性の飾りになる。大きな、肉質の乳房が一番よいわけではない、特別によいとは限らない。それらは多くを約束するけれども、与えるものは少ない。だが、血管と神経が豊かな乳房は、たとえ小さくても、女性にとってはすばらしいものであり、乳を多く出して子供たちの飢えを満たすことができる[30]」。

彼はしかし、すべての人を納得させることはなかった。

一七八〇年にパリの町で生まれた二万千人の子供のうち、一万七千人が乳母の田舎に連れて行かれ、七百人が通いの乳母の恩恵を受け、二千から三千人の子供が施設に預けられた。生母のもとに留められたのは七百人にすぎない[31]。ハンブルクでもこの数字はさほど違わないようである。十八世紀には四千から五千人の乳母が街中で働いていた。赤子に乳を与えることはつまらないし、嫌悪すべきこと、楽しくも、すばらしくもないことと見なされていた。けれども他の者がこの厄介な仕事をしてくれるなら。一家の父親にとっても、乳母の存在は更に別の利点があった。妻がすぐにまた妊娠することができるし、子供が大勢育つことができる。こうして乳母という職業は田舎の平凡な女性たちにとって実入りのよい仕事になった。質のよい乳母を、という要望を満たすことができる女性はこの上なく少数だった。何よりも大事なのが「母乳が出ること」であった。未婚の女性さえ乳母になろうとやってきたけれども、この基準を満たすことはそれほど難しいことではなかった。アウグスト・ベーベル〔一八四〇－一九一三、ドイツ社会民主主義労働者党の指導者〕は一八七九年に「乳母育成法」について、乳母に出すためにわが娘を妊娠するよう仕向ける父親に言及しているほどなのである。パリでは乗り物が組織されて、生後間もない市民の乳児を都市周辺の乳母の住いに連れていくために、列を作った。二年後には子どもたちは生家に戻るのだが、望むらくはそれが本当の親もとであればよいのだが。乳児は泣いても、乳母がすぐに抱きあげてくれるわけではない。その代わりに、芥子粒の入った小袋をしゃぶらせることは許された。

それでは、母親はどのように子供を離乳させたのだろうか。ルイ十三世の宮廷については、母親の襟元に子犬を置いたと伝えられている。その方が実際に楽しいし、粋ではあるが。

乳母制度を批判する者は嘆くのだった、ふさわしい肉屋にたどり着くためならば、よい乳母を見つけるためより以上の出費を惜しまない、と言って。とりわけ今日の視点から見れば、一番大切なことを胸の奇跡に委ねたのであるから。市場で、健康そうに見える妊娠中の女性を捕まえて、自分の子供にも一緒に授乳してくれないかと話しかけるのは、たいていは父親の役目であった。体格のよい乳母を斡旋するために仲介人が登場するのはもっと後のことである。

ベルリンで皇帝ヴィルヘルム二世［最後のドイツ皇帝、ホーエンツォレルン家出身、在位一八八八－一九一八］の子供たちがシュプレー・ヴァルト［ベルリン郊外シュプレー川沿いの低湿地帯、少数民族ソルビア人の居住地］の乳母の手で育てられてからというもの、ソルビア人の女性は信頼するに足る子守女の典型とされて、ベルリン周辺のステイタス・シンボルになった。そのうえ彼女たちは家庭に住みこんでくれるので、子供を送り出す必要がないという利点があった。ハインリヒ・ツィレ［一八五八－一九二九、下層のベルリン市民を好んで描いた画家］の描くベルリン風物誌には、白い服をまとったシュプレー・ヴァルトの女たちが町の風景に独自の色合いを添えている。しかも彼女達からインスピレーションを得て、ツィレは次の詩を創っている。

ティアガルテンで乳母たちが
人目をはばかることもなく　まるまる太ったちびたちに
できたてほやほやの栄養分を吸わせる時
ベルリンには春が来る

乳母たちの中にはソルビア人の出ではないのに、彼らの民族衣装を購入した者も少なからずいたであろう。もしかすると彼女たちが働いている家庭から、そうするように言われたかもしれない。「フードをかぶらずには外出しないこと。フードはいわば、これをかぶる女性のみならず、そうした素敵なかぶり物を買い与える余裕がある家庭であることを見せびらかすトレードマークであった」。ゼルのジビュレ・ニーメラーはベルリンで過ごした子供時代の乳母について、回想録にこう記している。よい乳母が見つかれば、子供と乳母との関係はとても好ましいものになり、一生涯続くことができた。何通もの書簡やはがきでホーエンツォレルン家の王子はシュプレー・ヴァルト出の乳母に宛てて、妻との関係や子供たちのことをくり返し報告し、自分の私的な宛先に返信をくれるように頼んでいる。

乳母とは実にすばらしい職業である、否、天職でさえあり得たと、十七世紀に、医者で十一人の子供の父親、モンペリエ大学医学部の教授であったローレン・ジュベールは記している。「女性たちが授乳の歓びを知りさえしたら―わが子に授乳するだけではすまないだろう。自分自身を貸し出すかもしれない。授乳中の女性は、よその赤ん坊に対しても、たいていは愛情と献身に満たされている。乳飲み子は乳母に対しては優しく、またお乳を飲んでいる間も彼女を撫でている。そんな赤ん坊と一緒に過ごす以上にすばらしい楽しみが想像できようか。一方の手では乳母の胸をはだけて乳房をいじり、もう一方の手では彼女の髪やネックレスをまさぐって、それをもてあそぶ。両の脚は、邪魔する者に向ってばたつかせる。そうしながらも、愛情のこもった眼差しで数知れぬ小さな微笑みを乳母に向ける…。それを目の当たりにすることができるとは、なんという悦びだろうか」。[32]

5 大道演歌師

Bänkelsänger

公共の広場で見かける演歌師。新聞あるいは世間の「新しい出来事、恐ろしい出来事、世の中の大事なこと」を広める

特　徴： 立ち台としてのベンチ、手回しオルガン、掛け図、異様な服装

活躍期： 1600年頃からおよそ1920年まで

挿　絵： 恐ろしい殺人事件を歌い上げる大道演歌師と掛け図。その左手では妻が歌詞を印刷したパンフレットを聴衆に売りさばく

背　景： 「ドクトル・アイゼンバルト」から、演歌師のうたう歌

向こう見ずな外科医
　　世に知られた
ヨハン・アンドレアス・
　　ドクトル・アイゼンバルト
歯科医で大道演歌師
　　眼科医　切石術医
旅先の　また歳の市での美徳と悪徳
なすすべに窮した時にゃ　あれやこれやの医薬品
その上　ご神託やら奇跡の数々　大騒動
とりわけ哲学　政治　道徳や　神秘を語る小冊子
恐ろしくも　愉快な出来事　数知れず
至極大事な報告を　みごとに描いて　皆さまの
ご覧に供しまするは…
規定に則り認可された誠実な同志　ヨーゼフ・ヴィンクラー

お聞き召されよ　皆さま方よ　お聞き召されよ　私の話
私の歌を　お買い下さる皆さまの　心よ　高鳴れ
それでは歌おう　この悲惨事《できごと》を
お泣きなされよ　嘆きも深く
ドイツの五人が　アルジェで奴隷に
彼らのことを　今ここに歌おう

町の市の立つ広場が大にぎわいを見せる時に、奇妙な服装の男が小さなベンチの上に立ち、こう歌いながら、背後に吊るした掛け図を指し示す。図には悲惨なまなざしの、襤褸《ぼろ》をまとった五人の姿が見える。彼らが遠い国にいることが、背景に椰子が描かれているところから、容易に見てとれる。男、大道演歌師はふたたび声を張りあげると、予告された事件のタイトルを大声で読みあげる、「不幸な五人のドイツ人船員」と。続いて「ブレーゲマンとホルステン、ふたりは共に旧プロイセン、ピラウの出身。メーメル［現リトアニアの都市］の出のベックとホルマン、そしてハンブルクのバイアー。彼らは海賊により奴隷にされるが、スウェーデンの若い婦人に助けられ、小舟で外海に漕ぎ出して自由の身になった。途中で五人は空腹に苦しんだあげく、そのひとり、バイアーがナイフで自らを刺して命を絶つ。仲間が自分の肉を食べて餓死を免れるように、と」。[33]

さあ、今ここに立ち止まり、このとてつもない事件を詳しく聞こうとしない者は、どうしようもない奴さ。恐ろしいことが起ったのだ、ショッキングな事件が。想像していただきたい。大道演歌師はあらためて声を張りあげ、幾節もある歌をすべて披露してみせる。そうしながら手回しオルガンに手を伸ばし、単調なメロディーで下手くそな歌の伴奏をする。

悲しみ、苦しみ、恐怖に戦慄。大道演歌師にはわかっているのだ、どうしたら人びとの感情をかき立てることができるかを。なぜって、昔ながらの大道演歌師の知恵がこう語っているではないか。

「感動させれば財布のひもが緩み、笑わせると財布は締まる」と。事件を語り終えると、演歌師は帽子を手に歩きまわって、金を集める。その上で薄っぺらなパンフレットを売りつける。たいていは歌のテキストが三篇、中には挿絵入りのもあった。

大道演歌師が初めて文書に現れたのは一七〇九年のことである。けれどもこの形の演歌師は前々から存在していたことと思われる。中世の遍歴楽師兼朗唱者の後裔としてである。大道演歌師として最初に登場したのは傷病兵や浮浪者たちで、彼らはあちらこちらと旅をして回り、他の土地で見聞した出来事を歌にして聞かせたのであった。後になると大道演歌師は正式な職業になり、男女でペアを組むことが多かったが、家族ぐるみのグループもあった。子供たちは見物人の間を走りまわって金を集め、時には親と一緒に歌うこともあった。男の子の柔らかな、よく響く声で歌えば、多くの物語にとってプラスになったのである。

報告された大道演歌師の中にはその土地の者もあって、方言で歌ったり、歌のテキストを自分で書いたりした。著名な例としては盲目の演歌師、別名ニュース・シンガーのフィリップ・カイム（一八〇四－八四）がいる。彼はマンハイムの周辺でパンとソーセージを稼いでいた。ユニークな人物だったらしく、ライプツィヒ出身のある国民経済学者が回想録でカイムについて述べている。

「一風変わった風貌をしているのが彼…、ディーテンベルゲン出身の失明したフィリップ・カイムであった。妻のリースベトと一緒にナッサウ地方全域を歩きまわり、どこに行っても自作の歌を大声で歌って聞かせた。それらの歌はその時々の出来事で入れ替わり、〈何がなんでも韻を合わせろ〉という原則に則って組み合わされていた。どうしても韻がうまく合わない時には、詩行の最後にステレオタイプに『そうだ、そうだ』と付け加える。自作自演の詩人として、カイムは当然のことながら、自分の方が他のオルガン弾きよりも上等だと思っていて、通常は『リースベト、グロッシェンなんざ放っておけ』と妻に命令して、出し物を終えるのだった。自分はグロッシェン銅貨なんかじゃ満足していないことを暗に示そうとしたのである。もちろん彼は銅貨だって拒んだりはしなかったのだが。今でも私はマインツの火薬爆発［一八五七年十一月十八日に軍の火薬庫が爆発した大惨事］をうたったラプソディーを覚えている。その時の出し物で彼は力をこめ、夢中になって歌ったために、最後には澄んだ汗の滴を背広の袖で額からぬぐわずにはいられなかった[34]」。

時代の目撃者たちによる他の報告でも、フィリップ・カイムが登場すると、老いも若きも走り寄って彼の歌に耳を傾けた、という。

土地の者ではなく、しかも町であまり知られていない大道演歌師の場合には、他の手段でひとびとの注意を惹かざるをえなかった。猿が小道具に加わる場合が多く、また衣服が異常であって、見た目にもひとびとの服装とはあまりにもかけ離れていた。演歌師は押しを効かせた態度で登場し、燕尾服に手袋、三角帽《トライコーン》、あるいは同情心をかき立てる衣装を選んで、襤褸を身にまとい、包帯をしていることもある。放浪者として、また社会の周縁に生きる者として、大道演歌師は自分が歌い上げる悲哀こそが彼自身の悲哀でもあることを、こうしたやり方で証明して見せるのだった。

大道演歌師たちがインスピレーションを与えられたのは、十五世紀末からその後に流布したビラ《フルークブラット》［挿絵入り一枚刷印刷物、新聞の祖］や宗教的な歌、そして彼らが旅の途中で小耳にはさんだ道徳的な物語で、これらを詩に作り替えて歌ったのであった。その際、彼らは何度も「ああ、悲しいかな」といった表現や、「ものすごい、ひどい、痛ましい」などの、ありきたりのうさん臭い形容詞を織りこんだ、不自然に誇張した言葉を用いた。歌が扱う主題の多くは犯罪、殺人、盗賊団だったけれども、フランス国王ルイ十六世の処刑や、ヘルゴラント島沖の海戦のような政治的な事件も歌われた。大災害、恐ろしい火事や洪水を扱ったテキストから、聴衆は他所の人びとの悲しむさまを知り、自分たちがそのような目に遭わずにすんだことに安堵のため息を吐くのだった—それが神に対する畏怖のおかげであるにせよ、あるいは自ら身を慎んだ結果であるにせよ。若いウェルテル［ゲーテの小説『若きウェルテルの悩み』の主人公］の運命とそれに続いて押し寄せた自殺の波もまた、テキストと歌とに作り替えられる価値があった。物語を締めくくるモラルに、小市民層の人びとの心が揺り動かされたのである。聴衆は、こうした恐ろしいことがすべて他所《よそ》で起ったことに感謝した。演歌師にとって、カトリックの地域の方が新教の地域よりも明らかに実入りがよかった。ロマン派の時代［十九世紀前葉］になると、彼らの歌はモリタートやバラードに発展する。しかしこれらは演歌師たちの通俗的な歌とは異なり、芸術形式として認められる。歌の前面に出るのはモラルではなく、物語の山場《ポアント》なのである。

　レパートリーをたずさえて諸国をめぐり歩くことで放浪の歌い手《ゼンガー》たちは歌謡の普及に貢献した。彼らはまた自主性に欠けた古臭い道徳観を持ち出し、世間に通用している価値や風習に従わないとどんな目に遭うかを示すことで、小市民的な生活圏の中では集団の志向に従うよう促したのだった。

　しかも時代を経るにつれて、大道演歌師たちの歌に特化して、これを安価な紙に簡素な仕上がりで印刷する出版社さえ現れた。その結果、この印刷物は別の機会にも引っ張り出されることになる。この歌のテキストの良き購入者だったのが船乗りだという。海上で孤独な時にそれを探し出して読んだのである。

　一九二〇年頃までは、ドイツ国内ではまだ大道演歌師の姿を見かけることができた。最後の人びとはもはや絵を描いた巻き物の掛け図ではなく、新聞に載った写真を切り抜いて使った。事実の複製《コピー》を見せて複雑にこみ入った彼らの歌の内容を補うためであった。その後、放浪楽人《バード》たちは死に絶えた。今日ではグラフ雑誌が同様のマーケットを提供し、どぎつい記事とカラフルな写真を載せて、価値とモラルに関する独自の主張をくり広げている。結局、当の出来事がどれだけ本当なのか、関心を抱く者はない。

6 鯨骨加工職人

Fischbeinreißer

人の背丈ほどもある鯨の髭《ひげ》、強い弾性が特徴のこの素材を切断し、仕立て屋や装身具職人に販売する

特　徴：港町に住む。他には特になし
活躍期：1500年頃から20世紀初頭まで

挿　絵：鯨の鬚を裂いて汚れを除去する鯨骨加工職人。人の背丈よりも長い鬚は、コルセットの芯骨、釣竿、傘や扇の骨、鞭等に用いられる
背　景：『マイヤー百科事典』による挿絵、グリーンランド鯨*Balaena mysticetus*の描写

二十世紀の初めまで女性は鯨のおかげで、完璧で美しい体形を保つことができた。男性もまた流行の服に必要であれば、その恩恵をこうむった。すなわちすべての哺乳類の中で最大の動物である鯨の鬚―誤って「魚の骨」と呼ばれた―は、コルセットやフープ・スカート［輪状の鯨鬚や鋼で裾を広げたスカート］、帽子、靴の芯、雨傘や日傘、扇子の骨、釣り竿、袋袖《パフ・スリーブ》、その他さまざまな装身具の芯として用いられたのである。しかもそれは既に、この非常に弾力のある素材がほぼ五百年前に利用されはじめて以来続いてきた。

鯨骨加工職人の仕事をここでざっと描写するならば、鯨の鬚がコルセットを支えてきたように、モード産業を支えてきたのであった。鯨骨職人はこの時代の他のどんな労働者とも同様に、金が稼げることを喜び、文学作品の中ではなく、港の近くの油まみれの工場で改めて評価されたのである。彼が加工する鯨の鬚が原材料として、モードや文学にとって、また女性の解放や経済にとって、どれほど重要だったかは、また別の話なのだ。

ところでまず一八三七年版の『商学百科事典』の記事から。鯨骨加工職人の仕事について、知っておくべき最小限のことが記されている。

魚骨 Fischbein（フランス語 baleine、英語 whalebone） 洗浄し、さまざまの大きさに裁断した鯨の鬚の名称。まず鉄製の鋭利な楔《くさび》により鬚に裂け目を入れ、その後で細いスコップ状の鉄器具で分離する。次に先の丸い鑿《のみ》を用いて鬚の先端の白い部分を除去する。続いて水に漬け、鬚に付着した毛をこすりあるいは掻き落とした後、熱湯により柔軟にする。最後に大型の鋭利なナイフにより棒あるいは竿状に裂き、利用目的に従って切断する。価格は特に強靭性と長さによる。鯨の鬚の加工はオランダ、イギリス、コペンハーゲンで、またドイツ国内ではハンブルク、アルトナ、ブレーメン、リューベク、ベルリン、ブレスラウ、プラハ、ウィーン、ニュルンベルク、アウクスブルクで行なわれている。[35]

鯨の鬚《ひげ》の世界最大の取引が行なわれたアメリカ合衆国の鯨骨加工関連の記録文書[36]では、鬚の質についても言及している。鬚にコルセット用、衣服用、鞭用と、差をつけたのである。コルセット用の鬚は最も質が低い。鯨の鬚の縁から切り取ったもので、折れやすい。縫い目に挿入するのに向いているだけであり、どんな針目であっても鬚は細かく砕けてしまいかねなかった。これより少し高価なのが衣服用の鬚であって、用途も広くまた稀少でもあった。針で縫っても耐性があるため、衣服に直《じか》に縫いこむことができた。それに比べ、鞭用の鬚は弾性がきわめて高いことが必要で、体罰具として用いられた。最も高価なのは白い鬚で、売買されることはごく稀だったが、白い服に縫いこめば、目には見えなかった。

ヨーロッパではまずビスケー湾［フランスからスペインに及ぶ大西洋側の湾］の男たちが、十二世紀以来自分たちの水域で泳ぐ白イルカと大西洋セミクジラを捕獲して、その時代のうちに海の哺乳動物をほぼ捕り尽くしてしまった。今日でもまだ海岸沿いに残された幾つもの望楼から、この産業の経済的意義を推し量ることができよう。バスク人が主に鯨油に関心を向けている間に、いつの頃か、鬚がすばらしい素材であることに気づいた人がいたに違いない。曲げ易くしかも簡単にばらすことができて、いろいろなことに利用できるのだ。初めのうち、鬚は少し使われただけだった。すなわち女性は先の尖ったいわゆるヘニン帽をかぶり、男性は身体の一番下の部分をモード上あえて洗練されたものにしようと、シュナーベル靴［爪先が嘴状にとがった靴］に補強材として用いられた。爪先に挿入した新素材のおかげで、靴は二フィートまで長くすることができたが、それに躓《つま》かないようにするために爪先を上に向けて鎖で脚に結び付けなければならなかった。[37]

だが歴史の大きな流れでみると、鯨の鬚はバスク人の居住地から遠くないスペインの宮廷で、初めて用いられたのだった。女性たちが円錐形の姿をすることを好んだ場である。それまでに知られていたどんな物とも比較できないほど弾性に富んだこの素材のおかげで、多種多様な優れた人工の形が生み出された―後世の改良舞台ならば、キュビズムの芸術家の誰もが夢想するであろうように。つまり、女性のスタイルが幾何学的な対象へと変ったのである。スペイン王宮の女性は衣服で上体をこわばらせ、腰を締めつけ、スカートでふたたび張り出させて飾り襞がつけられた。全身を黒い服に包んで、スペイン女性《コンキスタドーラ》は外見上人間らしい柔和さをすべて失ってしまったのである。鯨の鬚のおかげでスタイルの可能性がどれだけ多様になったことか。これには処女王エリザベス一世もお気に入りだった。女王は、疎遠になってしまったあの理想的な肉体に戻れるように思って、イングランドの王宮に鯨の鬚を導入したのだった。イングランドの捕鯨を促進して「モスクワ会社」を作ったのも女王だった。これは世界中のどの海でも捕鯨をすることができる「大胆不敵な商人」の会社、商業上初の株式会社のひとつで、後の東インド会社もそれに当たる。こうした状況で関心を引くのは、この企業が主に織物職人、換言するならば、モード産業に鯨の鬚を利用しようという商人が代表を務める点であった。多方面に用いられる鯨油は、ここでは二の次であった。

カトリーヌ・ド・メディシス［フランス国王アンリ二世の妃、一五一九－八九］によりイタリアの世俗世界の女性がフランス王妃の座に登った時に、鯨の運命は決定的になる。その後数世紀にわたって、鯨骨加工職人はもはやこの世になくてはならない職業になったのである。このモード上の絶対命令に、誰が逆らうことができただろうか。カトリーヌは女官たちに対して、最大の胴まわりを三十三センチにするよう指示する。この指令は、鯨の鬚によって強化されたコルセットに肉体を押しこんで締めつけることによってのみ、目的を達することができた。木を用いた場合、こうした力比べでは粉々に割れてしまったかもしれない。

歴史の皮肉と言えば、よりにもよってあの取り澄ました、いかなる流行にも目を背けた北米ナンタケット島［米国マサチューセッツ州沖］の清教徒《ピューリタン》たちが一七一五年以降捕鯨を生業にして、世界最大規模の鯨産業を作りあげたことであった。彼らは自分たちで鯨油を加工し、鬚はヨーロッパに輸出した。コルセット造りやフープ・スカート職人といった顧客が鯨の鬚を欲しがって高額の代金を支払ってくれたからである。

一七七四年、ドイツで『基礎読本―知りたいことが何でもわかる（＝全必須知識一覧）』と題する子供用の教科書が出版された。その中でヨハン・ベルンハルト・バゼドウ［啓蒙主義教育家、一七二四-九〇］は、母親と子供たちとの会話という形式を用いて、この世界を説明する。

カロリーネ（娘）　コルセットも引き裾も、フープ・スカートも、本当に嫌いだわ。コルセットは身体を圧迫するし、引き裾は重くて、汚れを一緒に家に持って帰るのにしか向いてない。フープ・スカートは、はきごこちが悪いし。どれひとつとして身に着けたくないわ。

母　私だって同じように思うわ。でもね、気に入って欲しくないものが気に入ってる人だっているのよ。そんな服を着るのが、私たちの身分じゃ一番当たり前のやり方で、私たち大人には、これが今の時代の好みなの。時代の好みに逆らうと、嫌われてしまうのよ。大勢のよい友達に嫌われるくらいなら、辛いことでも我慢しなくてはいけないわ。[38]

コルセットは事実、着心地のよいものではなかった。時代の好みに従って、女性は乳房の前に棒状にした鯨の鬚を当てて胸をぺちゃんこにするか、あるいは押し上げて―もしそれで充分でなければ蠟で作った胸をかぶせて―支えなければならなかった。コルセットで締めつけることで、妊娠していることを隠したり、あるいは堕胎することさえ可能だった。白雪姫は胴衣をきつく締めすぎたために死んだようになった。身体や内臓が歪んでしまっても、我慢したのである。

フランス革命がなかったならば、鯨は本当は絶滅していたかもしれない。革命は転回点だった、流行《モード》にとっても。その後になると、人びとは自由思想にもとづいて歓談し、古代ギリシャ人の美に思いを致すようになる。今や女性たちは軽くて通気性のよいものを身に着け、自分の生来の魅力と形とを見せびらかした。いや、一部には妊娠を装って、身体に馬毛のクッションを巻きつける者さえ現われた。

　コルセットもフープ・スカートも流行おくれになった。鯨骨の価格は底なしに下った。捕鯨船団は破産した。そんなことがあった後で、突然復活したのである、コルセットとクリノリン、つまりフープ・スカートが。しかも男性用のコルセットまで出現する。こうして捕鯨はあらためて儲けになった。

　以前にはコルセットとフープ・スカートは上流階層の人びとだけの物だったが、十九世紀になると、どんな女性もこれを身に着けるようになった、とシュルツェと称する文筆家が一八六八年に刊行した『流行狂い―ドイツ人のための時代と風俗図典』は記している。

「上は公爵夫人から下は下女に至るまで、クリノリンを敢えて着用すまいという女性はなかった。…料理女は竈《かまど》の番をしている時でも、また大桶の横にいる時も、風船のようなスカートをはいて人目を引いたし、子守女のスカートが広がると、地面で遊ぶ子供たちがその下に隠されてしまうのだった[39]」。

ザクセン地方のある胴衣メーカーではこの頃、十二年間で九百五十九万七千六百着のクリノリンを製造したといい、常に新らしいモデルが開発された—例をあげると、「怠け者」と呼ばれたクリノリンは昼寝ができるように、一日中いつでも「すぐに」緩めることができた。低価格のコルセットは鯨の鬚ではなく、巧妙な縫い目だけで補強してあったのだが、それでも鬚の消費量は莫大な量にのぼった。

鯨の鬚は値上がりした。捕鯨産業はブームを迎えた。十九世紀後半になると、捕鯨船の建造と装備のための出費、労働者の賃金を賄うには、ひとシーズンあれば充分だった[40]。ドイツの捕鯨船フローラ号の食糧リストには、たとえば船員用の乾パンではなく、ジュース、バター、コーヒー、スープ用の根菜、ビール、火酒、シロップの類が記載されている。こうした贅沢をする余裕があるのは、利益が期待できる海運会社だけだったはずなのだが。

ヨーロッパの男たちはめかしこんだ妻の隣で、かなり青ざめて立っていた。衣装の物量戦にはひと財産を要したからである。身なりの立派な婦人は、夫が裕福であることの証しだった。「ご覧になって、奮発したのよ」と。だが男の世界は、女たちの大げさな衣装に悩まされることがますます頻繁になるように思われた。すでに一七一五年には『厚く重ねた、堅くて広がりのある婦人用スカート—尊ぶべきご婦人が今はやりの鯨骨スカートをはいて場所を広くとることに関して、苦情を申し立てるすべての人びとのためのより良き情報』というタイトルの書が出版されている。[41]

この本で著者は駅馬車で旅をした折の事を報告している。自分は馬車の奥に押しこめられて、旅の間じゅう辛抱せざるをえなかった。婦人客が残った空間を広がったフープ・スカートで占領してしまったからだ。立派な男として、自分はそれに耐えなければならなかった、と。

テュービンゲン大学の美学の教授フリードリヒ・テオドル・フィシャー［一八〇七—八七］は、クリノリンを茶化した妄想を記している。

「クリノリンはふてぶてしい。ふてぶてしいというのは、もちろんクリノリンがそれを着用する婦人のために広い場所を要求するからであるが、こうした言い方はあまりにも一般的、抽象的にすぎる。そうではなく、男性との関係が途方もなく、また挑発的で目立ちすぎるゆえにふてぶてしいのである。『あなた』と、クリノリンは近くに来る男性に語りかける。『歩道を広く空けてちょうだい、それとも私にちょっと触ってみようっていうの。もしそうなら、平土間席の私の隣で、服を膝に載せていてくださるつもりがおありなの、それとも私の服の上にお座りになろうっていうの[42]』」。

あわや人間が鯨を捕り尽くしてしまうところであった…、いや、鯨骨の需要が人類を根絶してしまうところであった。だって、そんな事情のもとでは、一体どうしたら男女がペアになることができただろう。エロスの範例《パラディグマ》の交換が起きてしまったのだ。つまり「どうすればあの女性とお近づきになれるだろうか」と考える代わりに、「どのようにこの女性を追い出そうか」へと、考え方の転換が行なわれたわけである。少なくともコルセットはこの間、エロティックな想像をする際の標準的なレパートリーのひとつになる。鯨骨の需要はと言えば、人間はここでも発明の精神に富んでおり、あらたな解決の手がかりをつかんでいたのだった。モード雑誌『バザール』は一八五六年に興味の持てる代替手段を提案している。

「プレーヴェルのエア・スカートは、膨張可能なゴムホースを芯骨として使用している。ゴム製の芯骨ならば簡単に膨らませることができ、喘息持ちのご婦人でも、スカートに充分に息を吹きこむことができる[43]」。

ところでこうした発明があったために、鯨骨加工という職業がなくなったわけではない。消滅した理由は流行《モード》そのものだった。ローリング・トゥエンティーズと共に、また女性の解放と共に、フープ・スカートは普段着から消えていく。時を同じくして捕鯨も衰退した。だがコルセットは依然として着用されている。今日では薄い帯状の鋼が鯨骨の代わりを務めてはいるが。

Fullonel/Urinwäscher

7 洗濯職人、小便壺清掃人

古代ローマの洗濯業。独自の洗剤を考案し、毛織物の搗《つ》き晒《さら》し職人を兼ねる

特　徴：すりむけた脚部
活躍期：ローマ帝国時代。その後は散発的に、しかも多くは毛織物の加工職人として。イギリスでは 1935 年まで

挿　絵：洗濯中の職人
背　景：古代ローマの市街図。1900 年頃、ドイツで制作

紀元前一五〇年にローマ人マクロビウスは、共和派のある小説家がワインを飲む高官のことで苦情を言ったのを思い出している。「彼らは恥知らずにも何度も会議を抜け出して、外の通りで尿壺に小便をしてくるのさ」と。[44] 考古学者たちはこの小便壺―路地壺《アンギポルトアンフォラ》あるいは短縮容器《ヴァサエ・クルタエ》[45]を知りすぎるくらいよく知っている。発掘でわかっているのは、こうした容器がローマの各都市では交通の主な分岐点に設置され、いわば公衆便所の役を果たしていたということである。容器は清掃人が空にしてくれるのだが、彼らは容器の中身を、ローマの男性用長衣《トーガ》の洗濯に用いたのだった。けれどもローマの糞尿利用の慣習に精通している者ならば、とりわけある決定的な理由から、マクロビウスと一緒になって鼻の頭に皺を寄せることも許されるというものである。つまり古代ローマでは、ワインを飲んだ者の尿が洗剤としてつかわれる可能性は―アルカリの含有量が少ないために―たとえば駱駝《らくだ》の小便よりもはるかに低かったのだから。元老院議員たちは会議に支障をきたしたばかりでなく、利用されることのない「原アンモニア」を排泄してきたのである。そんな高官は「自分の小便にさえ値しない《ノン・ヴァレト・ロツィウム・スウウム》」と言ってよいくらいなのだ。ウリン、ハルン、ピセ、ブルンツェ、ザイヒ、プルンツ・ヴァァサー、ピンケル、ブリュンツェル（いずれも小便、尿の意）―少し長く留まった後で変化をとげ、分解というプロセスを経てアンモニアに変る液体を表現するために、よく用いられる数少ない概念である。体内の水分の浄化作用を知っていたのは、古代ローマの小便壺清掃人が最初ではなかった。古代エジプトではすでに、毛織物を加工する際にまさにこの「原料」が用いられていたのである。

小便壺清掃人《フローネ》は今日言うところのクリーニング業にほかならなかった。それゆえ、多くの尿を集めることに特に関心があった。そこで彼らは街中の小便壺を分担し、市民には生のアンモニアをそこに排泄しようという気を起させた。使い勝手をよくしようと壺の首を叩き落とし、よりいっそう的を外さずに用を足すことができるようにしたのも彼らだった。便所《ピソワール》の所有者たちも壺の貴重な中身を提供してほしいと要請された。ウェスパシアヌス帝［在位六九―七九］にまつわるしばしば引用される逸話がある。「金《かね》は素性を語らない」という諺のもとになった話で、以下の事情に由来する。

皇帝ウェスパシアヌスが公衆便所税を値上げしたことで、息子のティトゥスが咎めると、彼は最初の税収の中から硬貨を一枚とってそれを息子の鼻先に突きつけ、こう問うた、「この硬貨はいかがわしい臭いがするか」と。ティトゥスが「いいえ」と答えると、皇帝は言った、「でもこの金は便所に由来するのだぞ」と。悪臭がするわけはない。[46]

特にポンペイでは考古学者たちは発掘の際に、清掃人の仕事場の痕跡にゆき当たることがあった。その一部が街中に置かれていたのである。イェルサレムやカルタゴのようにローマ帝国の南に位置する都市では、清掃人はむしろ町の外、市壁周辺に住んでいたらしい。この事実は明らかに洗剤のにおいに由来する。暖かい空気によって臭気が強くなる。今日の一般的な石鹸とはにおいが違ったのである。

便器の清掃のほかに、彼らは別のサーヴィスも行なった。未加工の毛織物を、尿の混合物を用いて羊毛脂《ラノリン》に作用するようにしたのである。これはイギリスのオクスフォードシャーで最近まで、高級品店で売られる上等のウィトニー毛布にも使われた方法だった。[47] オーストリア＝シュレジエンでも毛織物のこの処理法は前世紀の初頭まではよく行なわれた。そこでは古代ローマ同様、ひとの尿を、通常は旅館の前に設置された樽に集めた。これと別の利用法をしたのがキューバである。そこでは風味を出すためにタバコの葉を女性の尿に浸してふやかした。つまりこの高級タバコのエロチックな秘密は、タバコを女性の太腿《ふともも》の上で転がして巻いたために汗がしみこんで生れたわけではなかったのだ。

それだけではない。尿はローマ人の間では、他の文化圏同様に、代用のきかない染色原料であった。はるかインドでは、マンゴーの木の葉を食べる牝牛の尿が、あのすばらしいインド黄《イエロー》を作るのに使われた。これに対しドイツでは九世紀このかた、どんな形の尿も、どこでもみられる大青《たいせい》色の染色に用いられた。中世末にもまだ四旬節には、青やヴァイオレット色の祭壇の掛け布、あるいは僧衣を作るためにこれが大量に必要とされ、それに応えるために労働者たちは週末にはビールを大量に飲んで、月曜日に小便をたっぷり排泄するよう促された。今日でも「青く染める《ブラウ・マッヘン》」と綴る慣用句が「仕事をせずにぶらぶらしている」という意味で用いられるのは、ここにさかのぼる。つまりこの仕事には、働かずに、時には一日分あるいは半日分の報酬が支払われたと伝えられている。

これに比べ、近代におけるアンモニアの産出はみごとな成果を挙げた。パリでは街路の汚物を片付けるために、町が清掃人たちに賃金を支払っていたのだが、数年も経たないうちにある会社から人の排泄物を高額で買い取っている。つまり化学にとって需要の多いアンモニアの原料を、相手を拝み倒してでも入手しようとしたのである。一八四四年にはフランス人ガルニエ氏はパリ郊外に「アンモニア・ポリス」という素敵な名前の町をつくることさえ夢見ている。ローマの清掃人たちのように、彼もまた下水溝に流されるものの質にうるさい注文があった。貧しい地区の排水の方が住民の栄養のせいで、豊かな人の住む街区よりも窒素の含有量が多く、その結果、化学的処理により適していたのである。[48] フィレンツェでは団地アパートの住民たちは一時期、自前の共同トイレしか使ってはいけないことがあった。アパートの持ち主がトイレの中身を高額で売っていたのである。[49]

さて、洗濯職人に話をもどそう。ポンペイの壁画を通して、私たちはこの仕事の経緯をかなり正確にイメージすることができる。ウェッティイの家では桶に入れた服を踏んでいる男児姿の天使が描かれているし、また洗濯職人ヒプサエウスの家には彼らの守護の女神で、この仕事を監視するミネルヴァ像が見られる。

それによると、汚れた衣類はまず桶でふやかす。これは汚れの度合いに応じて三日間行なわれることもある。洗剤としては尿、サボン草、炭酸カリウム、礬土《ばんど》を混ぜ合わせたものが使われる。衣類はふやかした後、裸足で踏みつける。この工程は子供にやらせたこともたびたびあったらしい。踏み洗いによって繊維の汚れを落とす。その後で衣類の汚れをすっかり洗い流して、叩く。繊維を再度強化するためである。最後に木の竿に吊るして乾燥させる。しかもローマには衣類を路上で乾かす独占権を清掃人たちに認める法さえあった。乾燥が終ると衣類は竿に吊るし、薊《あざみ》を用いて凹凸をなくす。その次のステップで衣類は一種の籠の上に広げられ、その下で硫黄がたかれた。色抜きをするためである。アプレイウスに洗濯職人の妻の若い愛人が、敵から隠れようと服を何枚も広げた籠の下にもぐりこみ、蒸気であわや窒息しそうになる場面がある。[50]

褪《あ》せてしまった色をくっきりさせるために、特殊な粘土の混合物を色のある個所に擦りこむ。これと異なり、元老院議員の服は光り輝くように白くなければならず、別の混合物で処理した。仕事の最終ステップはアイロンかけ、あるいはプレスであった。というのは、外出用の長衣《トーガ》は、規定通りに襞《ひだ》取りがされていなければならなかったのだから。その上、アイロンをかけた布地の方が、今日でも当時でも清潔な印象を与えることに変わりはない。[51] 服が傷んでしまったり別の人に渡してしまうようなことがあると、それなりの罰が洗濯職人を待っているのだった。

古代ローマでは、長衣用の布地を贈り物として差し出す慣わしがあった。三、四回以上洗濯した長衣はもう贈り物にならなかった。皇帝エラガバルス［在位二一八－二二二、シリアの太陽神の大祭司から皇帝になったが、ギボン『ローマ帝国衰亡史』によれば、放漫な国家経営の結果、近衛隊に惨殺された］は、一度洗った布地はもう乞食にしかふさわしくないとさえ言った。ほかならぬこの皇帝、仮設のトイレで急死をとげている。

外見が清潔であることは、古代ローマでは高く評価された。ローマの貴顕は「高貴な、立派な《ラウトゥス》」という語で表現されたが、これは「洗濯の行き届いた」という意味に由来する。高官の着衣である白い長衣こそまさに彼らの汚れなき性格を反映するはずのものだったろう。この染みひとつない白さが尿を用いた洗濯によってのみ可能であったとは、精妙なアイロニーとも思われてくる。そうかと言って、ローマの人びとにこうしたサーヴィスを提供した洗濯職人たちは、そのことで尊敬されたわけではない。逆に戯画化されたのである。数多くの諷刺詩が彼らの仲間をテーマにしているのだが、ある古代学研究者によると、ローマのエリートたちは、労働者ならどんな職業の者でも嘲笑の対象にしたという。キケロ［ローマ帝国の著述家、政治家］は洗濯職人の家の出で、だからこそ洗濯職人が衣類を取り扱うのと同じやり方で上司を扱った、つまり上司たちを散々に叩いたのはそのせいだと噂された。

今日に残された他の文書によると、占星術師シラクサのフィルミクス・マテルヌスは、特に悪徳の虜になりやすい職業をリスト・アップしている。漂泊職人、羊毛職人、パン焼き、料理人と並んで、そのリストには洗濯職人も見えるのである。

そしてまたペルシャのキュロス大王［在位、前五五九－前五二九、古代ペルシャ帝国建設の基礎を築く］の母が全アジアに小便をしてしまう夢を見たことがあり、その時には特に父親が心配した――何ゆえかは必ずしも明らかではないが。

アンモニアを扱う仕事は危険性がまったくなかったわけではない。大プリニウス［古代ローマの学者、主著に『博物誌』］

は、尿は足部の痛風、つまり足のリュウマチを治し、洗濯職人でこの病気に侵されたものはほとんどいない、と主張する。その通りかもしれない。尿には事実、消毒効果があると言われるからである。洗濯職人が絶えずアンモニアに触れる両脚の皮膚炎に苦しみ、あるいは硫黄のきつい臭いに肺を侵されたのと同様に、まったく別の痛風を病んでいることにプリニウスは気づいていない。

今日では洗濯の際の染み抜きは、副次的な仕事になってしまった。それに代わってはるかに煩わしいのが、裸眼では気づかない菌やバクテリア、ウィルスのような微粒子である。現今の化学洗剤の大部分がそれらを防ぐことに狙いを定めている。有効な薬剤として、洗剤に何が含まれているのか、ひょっとすると、誰も詳しく知りたいとは思わないかもしれない。

8 コーヒー嗅《か》ぎ担当兵

Kaffeeriecher

フリードリヒ大王により任命された老練兵。不法に隠匿されたコーヒーを嗅ぎ出す

特　徴：常時においをかいでいる鼻、横柄な態度
活躍期：1781年から、大王薨去後の87年まで

挿　絵：プロイセンのコーヒー嗅ぎ役人に任命された老練兵
背　景：「国王による命令、1781年1月21日より。焙煎したコーヒー豆の売買に関すること。プロイセン王国租税及び関税統一管理局
　　フリードリヒ2世　署名」

コーヒーはプロイセンの国民にふさわしい飲み物だった。頭を目覚めさせ、鋭い思考力を与えたのである。だが、コーヒーがベルリン子たちの日常生活の中で将来どんな役割を演じることになるか──当時、西暦一七八一年、フリードリヒ大王〔フリードリヒ二世、在位一七四〇－一八六〕の宮廷で誰がこのことを予見することができただろうか。いや、ベルリン子たちばかりではない。まして、コーヒーが石油に次ぐ世界第二位の輸出品になろうなどとは。

大プロイセンの時代にはこの嗜好品は、ヨーロッパの飲み屋で提供されるようになってからまだ百年もたっていなかった。しかもずっと北、スウェーデンの国王グスタフ三世〔在位一七七一－九二、母はフリードリヒ大王の妹〕には舶来のこの「すする飲み物」は不気味だったため、人体実験を命じたほどであった。コーヒーが毒物であることを証明しようと、国王はふたりの囚人の、一方にはコーヒーを、他方には紅茶を飲ませることにした。何週間も経たないうちにコーヒーを飲み続けた方が病み衰えるだろう、そう確信して。けれども実験は期待どおりの結果にはならなかった。最初に死んだのは、囚人たちを監視していた医者であった。次にもうひとりの医者も。実験は続けられた。一七九二年にはグスタフが暗殺される。そしていつかはわからないけれども、八十三歳でついに亡くなったのは──紅茶を飲まされた方だった。コーヒー飲みの囚人は釈放される、何歳になっていたのかは伝えられていないが。
　でも確かに奇妙な飲み物だった、このコーヒーというやつは。それは東の国からやってきた。どうもうさん臭いのだが。そこではそれは「偏頭痛特効薬」とか「棋士兼思想家のミルク」と呼ばれた。エティオピア原産の灌木がイエーメンで栽培されるようになって以降、ビザンツからバグダードまでのすべてのコーヒー・ハウスに供給するのに充分な量を賄うことができた。コーヒー・ハウスには、たとえば「知識人の学校」というように、コーヒーがどんなことに効力があるかを強調する名前がつけられていた。けれどもそれでは終わらなかった。トルコの軍隊がウィーンの戦場に、コーヒー豆を袋詰めにして運んできたのだ。西欧諸国が結束してトルコ軍を潰走《かいそう》させた後で、戦場でそれが発見されたのである。

　とにもかくにも、ウィーン子たちにこの黒い飲み物をいかにもうまそうに見せかけるためには、クリームと砂糖がたっぷり必要だった。そしてこの飲み物が回り道をしてドイツ諸邦の首都に根を下ろすまでには、フランス人の洗練とオランダ人のノウハウ、そしてユグノーたちのあのしたたかさが必要だった。フリードリヒ・ヴィルヘルム［フリードリヒ大王の父、在位一七一三－四〇］の後押しがあって、ベルリンではコーヒー・ハウスは主要な場所につくられた。いわゆるカフェ・ロワイヤルは、今日ベルリン司教座聖堂《ドーム》が建つ場所、すなわち市城の向い側で、新しい特別な飲み物を提供したのである。つまりフリードリヒ・ヴィルヘルムにはわかっていた、贅沢品が出まわれば、国庫が豊かになることが。こうして紅茶、チョコレート、シャンパン、フルーツ・アイスと一緒にコーヒーも奢侈品とされ、それに見合った課税がなされた。計画は実行に移された。十八世紀半ばには上流のベルリン市民、ライプツィヒやハンブルクの人びとは、コーヒーの集いを物々しくとり行なったのである。この時代のあるベルリン子の日記には次のように記されている。

「集いがいくらか上品に催され、テーブルにもいろいろなものが並べられるようなケースでは、たとえばひとり者のオルガン職人が日曜日の午後に客を招いて、特別に用意したコーヒーやライン産のワイン、ソフト・ビスケットを出すのだった。また未婚の若い娘が客をコーヒーに呼ぶ場合、コーヒーの後でプラムや葡萄を出した。フォン・ドルン夫人はモルケ広場のシュヴェリーン宮の、裏庭に面した付属屋に住んでいたが、客をコーヒーや砂糖入りの小さなブレーツェル［8の字型の堅焼きパン］、それに葡萄酒でもてなした。殿方にはコーヒーか紅茶の後で、かなりの量の火酒や焼きたてのゼメル［堅い皮の丸い白パン］が出された[52]」。

そして一七四四年にはクールマルク侯領［ドイツ東部ブランデンブルク地方の主要部］管理局は「コーヒーの摂取はほとんど誰にとっても、どんな下層の人びとにとってさえ当り前のことになった」と報告している[53]。つまりコーヒーは人びとに歓迎されたのだった。だがその後で、プロイセン国王はそれに過度の租税と関税とを課した。税負担はコーヒー購入価格の百五十パーセントになった。一ロート、つまり十七グラムのコーヒーが紡績女工の日当と同じ額だった。いったい誰にそんな負担をする余裕があるだろうか。

新しい産業部門が生まれた—コーヒー豆の密輸。これはさほどむずかしい仕事ではなかった。焙煎する前の豆は香りを撒き散らすことはない。しかもわずかな量でも密輸入する価値はあった。干し草を運ぶ荷車や石炭運搬用の川船、荷馬車に載せて、誰にも嗅ぎつけられずに町の門から運びこむことができた。そればかりではない。わざわざそのためにデザインされた胸帯に隠して、物売り女が顧客のもとへと持ち込むこともあった。

「ものが生活にどんな意味を持っているのかは、それが法制度に投げかける影を見ると一番よくわかる[54]」と、近代の実用書の創始者、ハインリヒ・エドゥアルト・ヤーコプは一九三四年に記している。コーヒーについて、またコーヒーがフリードリヒ大王の法に及ぼした影響について、これ以上適切に言い表わすことはできないであろう。

「どうにも防ぎようのない、数限りない手管を弄して」—コーヒーの関税に関する一七八一年の布告はこのように認めている—コーヒーは法の目をかすめて持ち込まれた。コーヒーの密輸はそれほどひどく、「手工業の労働者や紡績工が、親方や工場主を見限ってしまうことさえあった。彼らは生業を捨てて密輸に精を出し、その結果、無為とふしだらな放蕩とに走りがちな気持ちを満足させるに充分な、巨額の利益を得たのであった。…国王陛下はしかしながら、国家に不利益と害とをもたらすこのすべての無秩序状態が取り除かれんことを望んでおられる」。

もう結構。国王は密輸にはうんざりだった。そして国庫は長い戦争の後で疲弊し、きしみ音を立て、ふたたび税で満たされることを待ち望んでいた。要するにフリードリヒはコーヒーの取引を独占し、豆の焙煎は彼が認めた場所だけで許可したのである。というのは、贅沢品であることがわかるのは、原材料の緑の豆ではなく、焙煎したコーヒーのすばらしい香りだったからである。法の適用が免除されるのは「騎士階級、貴族、司令官および将校…、聖職者、自らの所得によって暮らす市民、工場主、また自分が小売《アン・デターユ》で売るのでない限り、卸し売り《アン・グロー》商人、さらに地位と事情によりコーヒーを飲用する権利を与えられるすべての者」であった。

法を作ることが一方にある。それが守られるか否かを調べるのはまた別のことである。この偉大なるプロイセン人は一石二鳥の技をやってのけた。すなわち王は、それまで仕事のなかった七年戦争の老練兵、「国のために戦い、兵役に就いたままで老いてしまったあの勇敢な者たち」[55]を動員し、彼らにコーヒーの臭いを嗅ぐ役を仰せつけたのだ。この命を受けた傷病兵四百人が、不法に焙煎されたコーヒーを嗅ぎつけようと、ベルリンの小路をあちこちと歩きまわることになる。この粗野な輩には、どの建物に踏みこんでも、そこのどの部屋でも、また誰であっても、どんなに詳しく調べてもかまわないことになっていた。

「あの大騒ぎを想像してくださいな。お友達とテーブルに着いております時に、ドアを引き開けて軍服姿の男が三人、部屋に駆けこんでまいりましてね、私どもの茶碗を調べたり台所じゅうを探しまわったりしましたの。さいわい、この日の午後は、お紅茶の用意しかしておりませんでしたけれど」。あるベルリン市民の妻は、こう苦情を口にしている。臭い嗅ぎ役人たちのふるまいに好感を抱く者などいなかったのである。鋭い嗅覚の持ち主たちは、成果に応じて報酬を得たところから、仕事には特に熱心だった。彼らは橋の上に立ち、そこで通行人のポケットの臭いを嗅ぎまわったり、また身体検査を行なうこともできた。この輩が町の人びとにとっていかに不快であったか、充分に想像することができる。

ベルリンの文筆家シュトレクフスが報告するところでは「ベルリンの市民はこうしたコーヒー嗅ぎの役人を罪人であるかのように嫌い、彼らにひどい悪さをするのだった。特に女性たちの憤りは際立っていた。国家がどんな苦役を課したとしても、彼女たちは国王を許すことができたであろう。けれども、王がコーヒー豆の焙煎を禁じたことに対しては、彼女たちは耐えられなかったのである[56]」。

コーヒー嗅ぎの役人以上に嫌われた職業がひとつだけあった。鬘《かつら》の臭い嗅ぎである。鬘もまた課税され、特別な許可を受けなければ着用が許されなかった。鬘の臭いをかぐ役人は、法の力を借りて誰の頭からでも毛髪を引き剥がし、許認可の印の有無を調べることが許された。

「多くの旅人は税官吏の目にとまるだけでも不快な気持にさせられる[57]」と、フリードリヒ・ニコライ［ベルリンの啓蒙主義著述家、一七三三―一八一一］は記す。ほかの人びとだって同じであった。

こうして人びとにとって密輸人の方が、国王によって任命された「臭い嗅ぎの役人」よりも好ましいということになった。ことは予想通りには運ばず、かくも多くのコーヒー好きがグルになったために、プロイセン国王は敗北を認め、自分の独占権を取り消さざるをえなかった。その後はこう言われている、コーヒーはすべての民のもの、と。

Kammertürke/Hofmohr/Inselindianer

9 従僕トルコ人、宮廷ムーア人、島勤めインディアン

ヨーロッパの多くの王宮に仕えた異国人従僕たち

特　徴：従僕トルコ人…目立ってトルコ風の服装に口髭
宮廷ムーア人…多彩色の衣装をまとった黒人
島勤めインディアン…インディアンの服装、島に駐在
活躍期：バロック時代

挿　絵：ヨーロッパの王侯の優れた側近としての従僕トルコ人、宮廷ムーア人およびハワイ・インディアン
背　景：アンゲロ・ゾーリマンの遺産調査、遺品目録、死亡調書

従僕トルコ人、宮廷ムーア人、島勤めインディアン、さらには大男や小人たちも、バロック時代のヨーロッパの王家に仕える従僕の一員、「主君のまわりを走りまわる無用の者…、単なる余計者」だった。[58] 外国人であることを職業にしていたといった方が正確かもしれない。だが彼らの一生は、分類しだいでは多様である。当時は完全に時代の好みに沿った現象だったが、今日では理解することはむずかしい。

従僕トルコ人

従僕トルコ人は、たいていがいわゆる「戦利品としてのトルコ人」である。つまりオスマン兵とその身寄りの者たちであり、十七世紀末のウィーン、ベルグラード、ブダペストの包囲戦の際にヨーロッパ諸国の元帥たちに捕えられ、連れてこられたのだった。当時のドイツだけでも六百人を超えるトルコ人がきていたが、彼らの中には「陽気な者も、悲し気な者も、また病気の者も」いたことが知られている。[59] その半数は子供、四分の一は女性、そして残り四分の一は、大体がハンサムで屈強な男であった。彼らは連れてこられると、全員が一度限りの戦利品として元帥や王侯の手元に置かれるか、あるいは「すばらしい」土産として贈り物にされるのだった。同じ頃、ライプツィヒの見本市でトルコ人の頭部が籠に詰めて売りに出されたことを考えるなら、捕虜たちが運命のなすままに従って、逃亡しようとはしなかったことは理解できよう。ひとたびドイツにきてしまえば、彼らに対する扱いは捕虜にしてはよいものだった。連れてこられたトルコ人が自殺を試みたケースは、一例が知られているにすぎない。

貴族の婦人方は子供の面倒を見たがり、キリスト教を信仰するように育てた。後に子供たちが洗礼を受ける際に、「すべての問にはっきりと、そして満足のいく返事」をすることができた時には、これで「異教徒の魂」がひとつ救われたのであった。[60] 年頃になると、彼らには世界が開かれていた。就いてはいけない職業はなかったのだから。警官や聖職者、火酒醸造業者になった事例さえ、年代記にはたびたび見出すことができる。

連れてこられた女性たちをさっそく待ちかまえていたのが、側女《そばめ》としての運命であり、これは決して稀なことではなかった。小説家の父アレクサンドル・デュマは、トルコ人のヒモの戦利品が鑑賞できるラスタット城［南ドイツ、バーデン辺境伯の居城］を訪れた時のことを次のように報告している。

「三つ目の部屋には少なからず注目に値する戦利品がある。パシャの四人の妻の等身大の肖像画で、勝利をおさめた者が捕虜としてラスタットに連れてきたのである。人が断言するところでは、辺境伯夫人はこの戦利品を大切にしようという気はさらさらなかったという」[61]。

側女の多くは、その後さらに他に嫁がされた。アウグスト強王［ドイツのザクセン選帝侯、在位一六九四－一七三三］の子息のひとりを産んだファティマや、カステル＝レムリンゲン伯夫人になったマリア・アナ・アウグスタ・

ファトゥマ・ケレスティナのように。ちなみに後者は高齢になってから修道院に入っている。それ以外の、もしかするとあまり美しくない女性たちは、まず王侯の洗濯場かパン焼き部屋で働き、後に粉ひきや桶造り職人、靴職人のような中産の手工業職のドイツ人と結婚し、ごくありふれた家庭を築いた。メミンゲン［南ドイツの都市］出身の部隊長が戦利品を放棄することができず、手に入ったものを持ち帰った。つまり「すでにかなり歳のいった」トルコ女性を連れてきた。この女性は間もなく洗礼を受け、一六八四年には教区の高齢者生活保障資格さえ得ている。この土地の女性に優先して選ばれたのだった。ただしこの資格を彼女は後に放棄せざるをえなくなる。キリスト教をあまり真剣に考えなかったからだという。「月の出る頃になると彼女はあちこちの隅で何かをつぶやいているのが見られ、もう説教を聞きにくることもなくなっていた」と。[62]

「異教徒ども」、つまりドイツに連れてこられたオスマン人たちに対しても、年代記によれば、注目すべき寛容さが示された。オスマンのトルコ人たちはまず下僕、宮廷の従僕として雇われた。ハンサムで体格が良ければ、それだけより公的な職務が割り当てられたのである。彼らをトルコ風に正装――トランク・ホーズやカフタン、口髭で――させるために、自由に使える独自の予算もあった。従僕トルコ人には、コーヒーを淹れたり食卓で給仕を務めること、使い走りや洗濯が主な仕事とされた。出世して主君の信頼を得、側近になることもできた。その場合の仕事としては、「主君の旅のお供をし、個人の私室の安全を受けあい、小額の物を買う金を管理し、また買い入れること、高額の衣装や宝石を保管すること、請願書をはねつけるかあるいは取り次ぐこと、他の下僕の監督、照明の調節、奢侈品つまり紅茶、コーヒー、チョコレート、砂糖を管理すること[63]」だった。主君が小旅行に出る時には従僕はその後を走りまわり、ポケットに詰めこんできた銭を民衆に分け与えるのだった。王妃ゾフィー・シャルロッテ〔プロイセン王フリードリヒ一世の妃、一六六八―一七〇五〕がブランデンブルクで亡くなった時に、お付きのふたりの異国人に贈った最後の挨拶は「さようなら《アデュー》、アリ。さようなら《アデュー》、ハッサン」だったという。この二人が改宗していたか否か、また本当はゴットリープとかヨーハンとかいう名前なのに、異国人としての身分ゆえにトルコ名も捨てずにいたのか、調べる必要はある。

戦利品として連れてこられたトルコ人として、改宗するまでにたっぷり時間をかけることは許されていた。ある老トルコ人下僕のケースはよく知られている。彼は三十七年たってやっと洗礼を受け、亡くなる時には、弔問客に五クロイツァずつ与えることを約束した。それに対し九百二十五人の弔問客があった。

宮廷ムーア人

宮廷ムーア人は膚の黒い「戦利品としてのトルコ人」、あるいは奴隷商人によって拉致されたアフリカの子供たちのことである。美しさが際立っていたり、好感のもてる性格であるために、わずかでもキリスト教的同情心を感じたヨーロッパ人ブローカーに横取りされて、よそへの贈り物にされてしまうことさえあったようである。ともかくこうした経緯から、彼らはアメリカの綿農園に送られる運命を免れることができたのだった。

祖国からの旅をヨーロッパで終えた子供たちは、そのほとんどがひどくつらい目に遭ったものの、今さら祖国に戻る手立てもないために、この地で自分を待ち受ける—歪んではいるものの—人間らしくはある付き合いに感謝の気持ちを抱かざるをえなかったに違いない。

アフリカ人たちはヨーロッパの宮廷でどう見られていたのだろうか—これを示すのがバーデンのドゥルラハ公の宮廷で上演された一六八一年のジング・バレーである。しかも誰あろう、ブラウンシュヴァイク゠ヴォルフェンビュテルのアントン・ウルリヒ公［一六三三—一七一四、文学に造詣深く、自ら讃美歌や小説を創作］ご自身がお書きになったのであった。

ここ　アフリカは　ムーア人の　生れたところ
ナイルの流れ　膨らむところ
その顔は陽《ひ》にあかく　焼けてはいるが
その心根や　善し
（…）

ムーア人たち登場
われら　膚も血も　あかく、また黒く
されど心と情は　雪の白さよ

いつにてあれ　姿ばかりが　真にあらず
貝は　白い真珠を　内に秘む[64]

公や他の多くの君主が抱いていたのは素朴なイメージだった。純真なおとなしいムーア人というイメージ。しかもヨーロッパの「主だった」宮廷では、どこでもこうした見方をしていたらしい。同時代の多数の絵画にもムーア人、すなわちカカオ・ブラウン色の膚に多彩な服をまとった従僕が描かれている。

アンゲロ・ゾーリマン（一七二一―九六）は、ウィーンで最も知られた宮廷ムーア人かもしれない。当初彼の運命は、社会がこの見かけの異なる者にはかり知れないほど寛容だったことを物語っているのだが、晩年には、このテーゼにこれ以上残酷に矛盾することはありえないような運命を担った。ゾーリマンはリヒテンシュタイン侯の「ムーア人貴族」であり「近習《きんじゅう》」であって、謁見の際にも軍事行動にも、侯のお供をした。しかも彼は「侯の子息の一種の師傅《しふ》役」を委ねられており、彼の業務全体に対して相応の俸給を得ていた。それは、伯爵身分の秘書官の未亡人と結婚して幾人もの子供をもうけるのに充分なものであった。彼はまた周囲の者には、未知の母国語のほかに、ドイツ語、イタリア語、フランス語、英語、ラテン語を話し、ふるまいは優雅だったので、皇帝ヨーゼフ二世［神聖ローマ皇帝、在位一七六五―九〇］の子息が、彼と腕を組んで散歩をするほどだった。ゾーリマンはそのうえ、一七八一年にはウィーンのエリート・フリーメーソンの支部《ロッジ》、「真の和合」に受け入れられている。

ここにはとりわけモーツァルトやハイドンも所属していた。その二年後には、すでに支部の中で式部官代理を務めており、補助業務や侍者としての仕事を行なう雑役担当ではなく、騎士修道士の一員だった。[65]だが亡くなると、ゾーリマンは皇帝の願いによって剥製にされ、博物標本陳列室に入れられた。

「アンゲロ・ゾーリマンは右足は後ろにずらし、左手を前に伸ばして立つ姿勢であった。腰に羽飾りのあるベルトを締め、頭には羽をつけた冠を戴いていた。双方ともに赤、白、青の羽の束を交互に並べて作られていた。両腕と両脚には白いビーズの飾り紐を結び、黄白色の子安貝を飾りにして小奇麗に編んだ幅広の首飾りが胸元までさがっていた」。

三年後になると彼の足元には剥製の小さな女の子が置かれ、さらに後では、黒人の動物飼育掛ともうひとりのアフリカ人も加えられた。[66]

こうした不快な出来事にゾーリマンの娘は怒りの声をあげたのだが、それに耳を貸そうとする者はひとりもなく、一八〇八年まで、ゾーリマンと彼のお供はこうして展示されたままであった。その後、珍しいものを見せることよりも、真面目な啓蒙を重視する新しい館長の着任に伴い、死者たちは屋根裏部屋に片づけられたが、火災で焼けてしまった。

島勤めインディアン

「島勤めインディアン」のカテゴリーでは、この職に就いたことが知られる異国人はひとりだけである。それがハワイ諸島出身のヘンリー・ヴィルヘルム・マイタイで、一八二四年にベルリンにやってきた。彼はドイツの船によじ登り、出港後に初めて姿を現したのだった。まだ十六歳の孤児を名乗るこの少年は島を出たかったのである。マイタイはむずかしいケースであることがわかってくる。入れ墨をしていることを別にすれば、外見は「職業異国人」の資格ありとするには、必ずしも充分には異国人には見えない。「彼の出身の人種は黒人ではないものの、黒っぽい皮膚の色といくぶん扁平な鼻とによって、黒人にかなり近い。だが形のよい唇と毛髪がまっすぐに長く伸びている点を見ると、黒人ではない。顔色はいくぶんさえないし、腕と顔には入れ墨がある。また呑み込みがとても速く、愛想が良いし、活発でよく働く[67]」。他に顕著な特質は持ち合わせていない。歌をうたっても、南太平洋の遠い海域の情景を呼び起こすことはまったくできない。「うたうように言われると、彼は私たちの国の若い婦人たちとまったく同様に辞退するし、一度うたいはじめると、歌が終らないうちに良い言葉をかけてやらなければならないという、別の悪い癖もある」。今日から推測するに、マイタイの歌というのは彼の民族の中の部族の歴史を朗誦したものだったに違いない—そうだからこそ長々と続いたのだ。それに応じた身ぶりを伴ってうたわなければならない、神聖な歌だったのだ。こんなコメントが残されている、「けれども歌はあの独特の身ぶりを伴っていたために、まるで狂人を見ているかのような印象を与えた[68]」と。

それにドイツでのマイタイのキャリアにとって、あまり有利とは言えない事情が重なった。ヨーロッパ社会での「高貴な未開人」像が突如崩壊する出来事が生じた。キャプテン・クック〔一七二八—七九、英国の探検家」がハワイ諸島で戦った際に生命を落とし、相手が食人種だったという噂が流れたのである。人びとはマイタイが同様の「特性」をくり広げて見せることなどありえないとどこまで信じただろうか。猜疑心を込めたこんな報告がある、「この島民がまったく特別に歓んだのが、ひどく太って腹の出た紳士だった。彼は紳士にかけよって何度も抱擁したので、皆が本当に心配した。かつてクックの命にかかわったあの島民特有の食欲が、この若い志願兵を刺激しはじめるのではないか」と。[69]

マイタイはスヴィーネミュンデ［北海のウーゼドゥム島の現ポーランド領港町］に上陸し、ベルリンに連れてこられた。彼の身柄を引き受けようとする者はいなかった。国王に宛てて何通も手紙を出したけれども、返信はなかった。差出人はプロイセン王国財務大臣であり、同時にマイタイがこっそり乗りこんだ船を所有する貿易会社会長のロターである。結局ロターはマイタイを自宅で給仕として雇う以外、どうすることもできなかった。これはうまくいったのだが、そのうちにマイタイがディナーの後でワインを飲みすぎたり、他の給仕と喧嘩をすることがあって、ロターが家族の主人として間に割って入らなければならなかった。その結果マイタイは家を出、その後、市内の「ハレシャー・トーア教育施設」で言葉とキリスト教とを学ぶのだが、この教育は一八三〇年に彼が洗礼を受けてほぼ終了する。

改めて彼を宮廷で雇ってもらえないかとの試みがなされたけれども、そこでもマイタイは拒否される。宮廷顧問官代理にはもっとよい考えがあったのである。ハワイ島の出身者であればマイタイには孔雀島《プファウエン・インゼル》［ベルリン郊外ハーフェル川の島、王宮や植物園などがあり、桃源郷に譬えられる］がぴったりじゃあないか、と。そこには南太平洋の人びとの小屋の内部を模した小部屋もあった――というのはその間にヨーロッパの王家では、南太平洋渡来の小道具で身辺を飾ることが流行っていたからである。孔雀島にはクジャクのほかにもハワイ産の鴨と女性の侏儒《こびと》がひとりいた。マイタイはここにすっかり馴染むことができた。幸せな日々がつづき、飼育係の助手の娘と大恋愛をする。今日推測されるところでは、マイタイはこの頃、数多くの象牙彫刻をつくり、ポツダムで展示されたらしい。その他にも、王妃ルイーゼの子供たちのおもちゃになったフィギュアもいくつか彫《つく》ったという。マイタイ自身は三人の子宝に恵まれたが、彼よりも長生きしたのはひとりだけであった。

彼が亡くなると、このプロイセンの桃源郷《アルカディア》で十五年以上働いた者ならば誰もがそうであったように、ニコルスコエにあるベルリンで最も小さな墓地に埋葬された。その墓石は今日ではハワイ以外にあるハワイ人の墓石の中で最も保存状態がよいとされており、金の文字でこう刻まれている、「サンドウィッチ島の民マイタイ　ここで神の御掌《みて》に安らぐ　一八七二年」と。

異国的《エキゾチック》なものを展示して見せることは、バロック期のヨーロッパのエリートたちのもとではどこでも見られる美学上の現象だった。トルコ趣味や中国風の建物、オレンジ栽培用の温室が造られたし、シュヴェツィンゲン［南ドイツ、バーデン・ヴュルテンベルク州の都市］にはモスクがまるまるひと棟建てられさえした――これは寺院以外の目的で使用されることはなかったけれども、建造を許可したクーア・プファルツ公の開放性を示す結果になった。「トルコ風《アラ・トゥルカ》」が、『後宮からの誘拐』（モーツァルト作）から軍楽に至るまでの音楽に影響を及ぼした。コーヒーとレモネード、ヨーグルト、マルツィパンはどんな会合にも欠かすことのできない贅沢品だった―オスマンの衣装をまとって祝う数かずの陽気な祭については言うまでもない。ドレスデンには、アウグスト強王がアフリカ人の酋長の姿で描かれた絵が保存されている。この環境の中でこうした異国趣味《エキゾチズム》の生きた証拠を身のまわりに集めることができ、そうすることでキリスト教徒としての「善きわざ」を成しとげたことになるのであれば―そう、なぜそうならないはずがあろうか。

他の異国人たちもその後、展示の対象になった。一八九〇年にジュネーヴで開催されたスイス博覧会ではスーダン人二三〇人が観覧に供された。またハーゲンベク・サーカスでは、ライオンやキリン、馬、猿と並んで、遠国の人びとを登場させることが自慢だった。一九〇九年になると、伝統的と称する衣装をまとったエティオピア人たちが、ドイツ皇帝ヴィルヘルム二世に拝謁することを許された。さらに一九三一年にはハーゲンベクはミュンヘンのオクトーバー・フェストで、わずかな布を身にまとっただけのニュー・カレドニア人を登場させたショウ「南太平洋のカナカ人」を上演している。

ところで西アフリカはマリの宮廷の白人について語る十四世紀の報告もある。彼らがどんな境遇にあったのかはわからない。バロック期にはエルサレム巡礼に出かけた白人がオスマン人の手に堕ちると、その姿が再び見受けられるのは、どうもガレー船の中だったらしい。従僕トルコ人、宮廷ムーア人、そしてハワイ・インディアンの場合は、少なくとも働いた分の給与を充分に得たのだったが。

Köhler

10 炭焼き

木を焼き、
木炭をつくる

特　徴：黒い顔。人里離れた森で暮す

活躍期：青銅器時代から20世紀初頭まで

挿　絵：炭焼き窯で職人たちと働く親方。右端の女性は窯に並べる木を運んでいる。手前は典型的な炭の計量籠

背　景：『マイヤー百科事典』から。木の組織図、クロウメモドキの断面、秋に形成される材、春材の導管、オーク材の断面、松材の断面（秋材、年の境界、木の髄線の延長方向に描かれた樹脂管）

十九世紀のドイツで民間の昔話、古い伝説、そして聖人譚を新たに探し出すことが流行り、多くの人がまだ残っている古き良き時代を体験しようと、辺鄙《へんぴ》な地方に出かけて行った。デンマーク人ハンス・クリスティアン・アンデルセンもその頃、同様の気持ちにとらわれたひとりだった。彼はハルツ山地に出かけ、そこでロマンチックなものを見出し、感覚という感覚を総動員してそれに浸ることを願ったのであった。事実彼はそれを見つけることができた。

「私たちは森の奥へと入って行きました。道はブロッケン山に近づくにつれて蛇行しはじめ、沈んでゆく月は、こんもりと茂る針葉樹林にさしこんでくることはありませんでした。あたりには炭焼き窯が並び、すべてが青みがかった煙に包まれて、全体がおちついた、不思議なくらいロマンチックな特徴を帯びているのです。それは魂をもの悲しい気持ちにさせる一幅の絵のようでした[70]」。

アンデルセン、ベヒシュタイン［ドイツの物語作家、一八〇一―六〇］、無名の裕福な避暑客たち、そして国王も―彼らは皆、森へ出かけて行った。複雑に変化していく世界を目の当たりにして、森の炭焼きのところでなら、何が本物で何が信頼できるのか、見きわめがつくのではないかと、彼らのもとにやってきたのだった。炭焼きはひと眼見ればわかる、素朴な人生そのものの姿で彼らの前に現れた。人びとから離れて森に住み、控え目で、自分にも世間にも満足してパイプをくゆらす、ぶっきらぼうな自然児そのままに。この時代の絵画や初期の写真では、炭焼きは人びとが好むモティーフだった。彼らは炭焼きと一緒に写真に収まり、また家に帰ると、この男たちがいかにすばらしいメルヘンを物語る術を心得ているか、話して聞かせるのだった。インテリの訪問者によって再現されたイメージは、条件付きではあるけれども真実であり、パトスに満ちている。

「炭焼きは仕事をするときには、充分それらしい年齢になる。その黒い顔からは陽気な眼差しが、ブリリアント・ダイヤのような目が、象牙のような歯が輝いている。それはすべて、健康な血液のみが与えることができるものである。その生活は、われらが海洋探検家の生活とどこか類似している。そして大きな森を内陸の海と呼んだなら、炭焼きはこの海の船乗りと言うことができるかもしれない。私にはまた、彼らがおちついて忍耐強く、そしていくらか粘液質であることが、少しばかり我が船乗りたちの特徴を思い起こさせるように見える[71]」。

炭焼きは実際に、国王のご訪問を受ける時でも顔を洗わずにいることが許される唯一の職業グループだった—これは鉱夫には禁じられていた。森で働く者たちは手入れの行き届いた黒さをそのままにしておき、それを誇りにもしたのである。「象牙のような歯」と言う時には、どんなに虫喰いになった歯であっても、彼らの顔からならば真っ白に輝いていたに違いないと想像できる。その他にも炭焼きたちは、清潔さなどは気にしていなかった。たとえば脱いだ靴下がまっすぐに立ったというくらいなのだから、靴下が…。

聖ヴァルプルギスの日（五月一日）から聖マルティンの日（十一月十日）まで、炭焼きたちは森の奥で暮し、週末だけ村に帰るのだった——もっとも、その機会があればのことだが。炭焼きたちの一番小さなグループは親方《マイスター》と助手二、三人、そして「ハイ・ユンゲ」と呼ばれる、通常親方の息子かあるいは甥から成っていた。犬、山羊、雄鶏あるいは猫をお供に、彼らは家族のもとを離れ、森の適当な場所に自分たちの小屋、それもティピー［アメリカ・インディアンの円錐形の小屋］に似た小屋《ヒュッテ》を、樹皮と材木でつくった。内部には組み立て式の簡素な寝台があり、食事と衣類は棒の先に吊るしておいた。中央には火がたかれ、そこでハイ・ユンゲが、あの誰もが知っている悪評高い「炭焼きスープ」を、牛脂と塩の入った熱湯に黒パンを千切って投げ入れてつくる。炭焼きたちは、このスープにはおよそ魔法の力があると言いふらした。彼らがしばらくのあいだ町で働き、そこで上等の食事とコーヒーに恵まれた後で村に戻ると、炭焼きたちは前ほど元気ではないという噂がいつまでも流れるのだった。スープ以外には、ハイ・ユンゲが収穫した茸や、仕留めた鳥、ベリーの類が食卓を飾った。

伝えられる文書によると、炭焼きたちは危険を伴わないこともない仕事であるにもかかわらず、職業のことで愚痴をこぼすことはほとんどなかった。ハルツ地方の死亡登録簿には火傷が原因で亡くなった森林労働者が何人か見られる。けれども言うなれば、隔絶された状態にあることを、じつに自由気ままに楽しんだらしい。シュヴァルツヴァルトの聖職者たちも、またハルツ山地の聖職者たちも同様に嘆くのが、炭焼きたちが日曜日に教会に姿を見せないことだった。けれども炭焼きたちはうまい言い逃れに事欠くことはなかった。なにしろ誰かが炭焼き窯を見ていなければいけないのだから。

他の炭焼きグループと意思の疎通を図る目的で、どの小屋にも「合図板」があった。木槌で叩いて合図をする。もし何か事件が起った時には、これを叩いて助けを呼ぶことができたし、また単に食事を知らせるだけのために叩くこともあった。それ以外にも炭焼きには巧みな工夫をこらしたヨーデル・システムがあって、遠く離れていてもさまざまなニュースを、ヨーデルの発声法で知らせ合うことができたのである。

純粋な歓びのためのもう一つの音楽媒体は、炭焼きたちが自分で組み立てた楽器、「木炭カリヨン」だった。特に音のよい木炭を紐に吊るす。長さの異なった木炭片がさまざまの音を出し、それに合わせて素朴な歌を歌うのである。夕方になると、彼らは火を囲んで座り、時には昔から伝わるギターやチターー、あるいはマンドリンも加わって…、と想像することだってできる。

話をする時にも、炭焼きたちは想像力豊かだったという。それはそうとして、スタインウエイ・ピアノの創業者は炭焼きで、火事で家族を亡くしてアメリカに移住したのだそうである。

ただ炭焼きの妻たちだけはロマンティック病に侵されずに済んだらしい。彼女たちは村で暮し、夫のところには毎週食べ物を届けたり、乗り物が取りに行ける道路まで炭を運ぶ手伝いをした。

「冬には女たちは引き橇で柴の束をそこまで運ばなければならない。まさにこれこそが、時には異常に困難な仕事なのである。汗にまみれて顔は膨れ上がり、頸動脈は激しく音を立てて目に見えるほどに鼓動する。妻たちは橇の引き綱を胸に斜めに食いこませ、凹凸の激しい大地に逆らいながら前進した[72]」。

窯を築いてできるだけ経済的に炭をつくる技術は、しかしながら炭焼きたちの評価を高め、かつ他の森林労働者から彼らを際立たせる特殊な能力だった。炭焼きたちが提供する生産物は、石油が産業に用いられるようになるまでは、人類の最も重要なエネルギー原料であった。木炭がなかったならば、鉄器時代も、青銅器時代もなかっただろうし、またわが身を剣によって護ったり、通貨システムを発達させ、あるいはナイフとフォークを使って食事をするという文明はおそらくまったく存在しなかっただろう。というのは、金属の鉱石にたどり着くためには石を溶かしてそれを取り出さなければならないし、そうするためには高温が必要なのだから。薪を燃やしただけの火でも、土を陶器に変えることはできるが、鉱石を鉄に変えることはできない。木炭、つまり木を燃やしてしまうのでなく、木を乾留してつくった木炭の発明があって初めて、燃えるような思いつきが生れたというわけなのだ。木炭であれば、理想的な環境ならば、鞴《ふいご》の力を借りて千二百度まで温度を上げることができた[73]。つまり木炭は、人類が発展するうえできわめて重要な役割を演じていることになる。木炭なくして進歩なし、というわけだ。

鉄器時代から十五世紀に至るまでは、木炭の生産にはまだ、いわゆる穴窯が好まれた。操作するのが比較的簡単だからである。穴を掘り、そこに小枝を大量に入れて点火する。その後で木材をくべ足すと、それも燃えて炭になる。この過程を何度もくり返し、最後には全体に草をかぶせて空気を通さないようにする。こうすれば、草で覆った下で火はもう木材を乾留するだけである。二十四時間から三十六時間後には出来あがった炭を取り出す。このプロセスは簡単ではあるが、経済的ではなかった。木材は大量に消費するのに、出来る木炭の量はごくわずかであった。

　ハルツ山地や、道らしい道もない他の山林地域でもそうなのだが、十二世紀になるとシトー会の修道士たちによって堆積式炭焼き窯《ホホマイラー》を築いて専門的に炭をつくる実験が行なわれた。剃髪頭《トンスラ》［頭頂を丸く剃った］の修道士たちが斧を振って炭を焼いたり、鉱石を採ったりする様子を描いた木版画や挿絵が残っている。教会は早くから木炭と進歩と権力との関係を識っていて、この三位一体の中で自分たちの地位を確保しようと努めたのである。信仰の中で働く者は、真の奇跡を成しとげることができる。教会は、古代ローマ人がすでに木炭づくりの効率化に本格的に取り組んだことを記す古文書に接することができたのである。教会は荒れ地に修道士を送りこみ、いかなる手段を講じてでも、教会のために木を入手しようと目論んだ。木からは木炭が得られ、荒れ地はあわよくば畑地になった。昔は荒れ地《ハイデ》という語は、人里離れた未開の森林地帯を意味した。今日ならばこの言葉からは、砂質で不毛の土地をイメージする——樹木の切り株を掘り起こした後の土地は、否応なくそうなってしまったのである。

　修道士たちはノウハウを伝えたのだった。そして領主たちはこの知恵を受け継ぎ、仕事をさまざまな職業グループに委託することによって、それを大々的に利用した。鉱山労働者と山林で働く者、すなわち山で鉱石を掘る人びとと森で働く人びと——木を切り倒し、根を掘り起こし、炭窯を築く人びと―が区別されたのである。

十五世紀以降になると、ドイツの営林署はやっと堆積式炭窯《ホホマイラー》を推奨する。このほうがずっと経済的ではあるけれども、この窯を築くためには多くの経験を積まなければならず、また何年もかけてそれを学ぶ必要があった。この窯の場合には大量の木を交互に積み重ねて、土で覆う。この技術は、窯が燃えるようなことがあってはならず、また窯の中では木が乾留される、つまり木から水分が奪われるように酸素の供給を調節することが重要だった。そのため炭焼きは、窯の中に火が広がってしまうような空洞ができないようにした。炭窯は内側から点火し、外からは乾留によって生じる空洞をすぐに塞ぐように、常に気をつけていなければいけなかった。そうしていないと、窯に火が付いてしまう危険があったのである。山林労働者たちはそこで昼も夜も番をして、窯を何度も叩いて調べなければならなかった。もちろん三十六時間後には充分な収穫が得られたのだが。

鉱石の需要は莫大だった。それに伴って、木炭の需要も大きかった。八世紀までは鉱石が発掘されると、その場で木炭づくりが行なわれた。けれどもその場合、山林は間もなく消滅してしまう。そこで炭を熔鉱現場でつくるのではなく、木から炭をつくる場所に鉱石を運びこむやり方に変った。「製鉄所《アイゼン・ヒュッテ》」という語にはまだ「小屋《ヒュッテ》」が隠れている。鉱石を溶解するのはちゃんとした建物の中ではなく、森の移動式の緊急避難所だった。そこで炭焼きも、自分たちの小屋と一緒に、下生えが生える場所を求めて、森の奥深く入らなければならなかった。炭を焼く歴史は同時に、自然を相対的に利用し尽くす歴史なのである。

まだ十六世紀のうちに、イタリア人ビリングッチオが炭づくりについて書き残している。「というのは、こうした利用をしてしまうと、人間の記憶が尽きないうちに、いつか森林を伐り尽くしてしまうのではないか――いや、そんな心配をする必要のないくらい、とてつもなく大きな森がどうやらあるらしい。ことに自然が気前よく毎日森を新たにつくり出してくれるのだから、だと[74]」。

木材がずいぶん必要だったので、森で働く者たちは気が気ではなかったろう。ドイツの森林作家コッホは――ビリングッチオと同じころ――次のように書くことによって、良心の安らぎ以上の何かを得た。

「樹木は鉱山の心臓、森にとっては宝物なのだ。だからもし樹木がなくなってしまったら、鉱山は舌のない鐘、弦のないリュートのようなものである。願うらくは、志ある者がこのことを語ってくれるとよいのだが[75]」。

時がたっても事態が好転することはなかった。すでに百年後には営林監督官アンドレアス・コッホは、ハルツから鉱山監督官庁に宛てて書き送っている。

「ハルツ地方では多くの山が丸裸であることは確かに否定できず、上部および下部ハルツにおける鉱業への木材供給については、森林の荒廃をまったく生ぜしめずに、確実に実行することは不可能である[76]」。

さらに百年後には突然、はっきりしすぎるくらい明らかになったのだった、森林資源にも限りのあることが。そして一七一〇年には木炭生産の効率化促進を目的に、初めての技術的試みがハノーファとブラウンシュヴァイク［ともにハルツ山地近郊の都市］で行なわれた。この瞬間から炭焼きも、尊敬に値する森林労働者として増幅評価され、ハルツの年代記に登場する。それまでは比較的自由に仕事をすることができ、炭を焼く際に森全体を一緒に焼いてしまわないよう気を付けていさえすればよかったのに。これからは仕事をどれだけ「長持ち」させることができるかに価値が置かれることになる。

「特に今の時代には、私たちは可能な限り木材を倹約するための技法を総て考慮せざるをえないし、またそうする理由もある。けれどもどんな技法であれ、炭化するより以上に木材を倹約することはできない[77]」。

このようにハルツの営林署員フォン・ツァンティアは一七九九年に、林業の理論と実践に関する論文に記す。しかも予想にたがわず、その二年後にはハルツ山地の炭焼きは初めて、親方《マイスター》になるには実地試験を受けなければならないことになった。一八二五年からは「製炭日誌」の記入も日々の仕事になり、木材の消費量を綿密に記録しなければならなかった。

一八五九年に起ったことは、人里離れて暮らす炭焼きたちにとって、はじめのうちはまったく理解し難い出来事だった。大きな油田が発見され、産業への利用が始まったのである。何百万年も前に存在しなくなってしまった森林に点火し、そこから得たエネルギーを使うことができるのだ。「黒い金《ゴールド》」が、エネルギー原料のナンバーワンの座を狙って、石炭や褐炭同様、木炭と争った。炭焼きの仕事は経済にも、また政治にとっても、見る間に重要性を失い、ほぼ完全に消滅してしまった。今日では炭焼きは主に観光産業としてよみがえった。というのは、今、世界は複合的であり、山林の中の簡素な小屋に憧れる人は多い。そこで一日中何をするのか。決して森を切り開こうというわけではない。焼き肉をするのかもしれない。そのためならば木炭はいくらあってもよい。今では木炭は工業生産されているのだから。

Lichtputzer

11 蠟燭《ろうそく》の芯《しん》切り係

（フランス語：Le Moucheur）

ガス灯発明以前の時代の劇場が仕事場。
照明に用いられる蠟燭の芯を、時間を見計らって切る。
この作業は煤《すす》が出過ぎないようにするためで、上演中にも続けられる

特　徴： 芯切り鋏、燭剪《しょくせん》鋏《ばさみ》

活躍期： 1783年にフランスの物理学者アルガンによりガス・ランプが発明されるまで

挿　絵： コメディア・デラルテの上演でパンタレオーネに扮した芯切り係。目立たぬようにして舞台照明用の蠟燭を掃除する（煤の出る芯を切る）ために、芝居に組み込まれている

背　景： ニコラ・サバッティーニ（1574—1654）著『舞台装飾および劇場のからくり装置作成の手引き』によるイラスト、見出し「シャンデリアの正しい吊るし方」を添えて

舞台をどう照明したらよいか―古代ギリシャ人にこう尋ねても無駄である。お芝居は野外で、真っ昼間におこなわれたからである。舞台が専用の建物の中に移った時に初めて、当の本人たちに徐々にわかってきたのだった、頭上に屋根があれば確かに不安定な天候からは守られるけれども、その代わりに別の問題、たとえば照明をどうすればよいのかという問題が生じることが。まだリヒャルト・ワーグナーの時代までは―彼は舞台で演じられる出来事の緊迫感を高めるために、観客席を暗くするよう、一貫して方向転換を企てた最初のひとりだった―劇場内の光はまず第一に、俳優たちの表情が見極められるようにするためであった。もちろん文化の吸収に余念がなかった我々の先人たちの目の方が、光に敏感だったことを前提にしてのことではあるが。

時代の証人たちが伝える報告を信じるならば、観客席を適切に照明することも、もちろん大事なことだった。一七七八年にパリの劇場で観客席に取りつけられたシャンデリアの光が、独自に開発された反射灯の助けを借りて舞台に投じられると、パリの婦人たちは「光が舞台に従来より強く向けられる」ために、自分たちが「不適切な影」の中に置かれてしまったように思い、苦情を申し立てた。[78] 見るか、見られるか―光を抜きにしてはありえない問題である。そこで舞台も観客席にも相応に照明が当てられ、桟敷席だけはそのままにされた。そのためにイングランドでは何度か騒ぎが引き起されたり、下卑た声をあげる者があったりしたし、ナポリではまさに桟敷席が情事の現場になってしまったりした。

観客席の標準的な設備のひとつに数えられるのが、先に述べたシャンデリアであった。観客席の中央の天井に取り付けてあって、芝居が始まると吊り上げられた。ゲーテはこれを金属の鎖で吊るすよう適切な助言をしている。亜麻のロープでは照明で熱せられ、すぐに燃えかねないから、と。一八〇七年にはそうしたシャンデリアがベルリンで観客席に音を立てて落下するという事故があったにちがいない。[79] いずれにせよ観客が席を立ってしまった後のことだったが。中央のよい席はその後、客が避け、薄暗い桟敷席が人気を呼んだのだった。

シャンデリアそのものの光源選びは簡単ではなかった。バロック式の劇場を改革したニコラ・サバッティーニは次のように記している。

「(シャンデリアの光源《ランプ》は) 極上の油に、悪臭をまき散らさぬために何か好ましい香料が混ぜてあれば、嫌な光景を呈することはないであろう。また観客は、蠟燭から蠟が自分の上に落ちてくることはないと確信するだろう。だが光源がひとつでも消えるようなことがあると (光源がたくさん使われていれば、こういうことはよく起きるのだが)、観客にとって不快なことだが、悪臭をまき散らすことになる。白い蠟でできた蠟燭なら高級に見えるし、悪臭を発することもない。だがそうした蠟燭であっても、時にはその下に座った観客の服を汚すことがあるのも事実である」。

サバッティーニは、蠟燭を使う場合は小さな丸い板か小皿を蠟燭の下にあてがい、そこに蠟が落ちるようにすることを勧めている。

昔の劇場に鏡が幾面も設置されていたり、内部が金色だったりするのは、光をよりよく反射させるための手段にほかならなかった。小さめの舞台ならば、ピッチや蠟を浸みこませた松明を壁に取り付けて間に合わせた。そこから煤が出たことは充分想像することができよう。「蒸気が、ビールを醸造する時のように立ちのぼり、私たちはそれを吸いこまざるをえなかった」[80]と、パリのオペラ座を訪れた女性は認めている。さらに、前方の舞台上で、たとえばシェイクスピアの『テンペスト』のように炎の雨が降りそそぐ演出の時には、観客がせき込むことも予定に組み込まれており、観客は「窒息寸前」の状態におちいるのだった。それゆえ、バロック時代には、ぜんそく持ちにとって劇場通いなどありえないことだったのだ。

舞台上では明りの取り付け方が最も重要な規則とされた。「美しく、明るく、そしてまた掛けてある松明や他の道具が役者を見る妨げになったり、蠟や液体が滴り落ちて役者が危険な目に遭ったりしないように取り付けなければならない」[81]と、別の芝居通のイタリア人は薦めている。

そうしたところから舞台の床の前端《ビューネンランペ》 Bühnenrampe に沿って一連の蠟燭を配置し、その光で俳優たちが下から照らされるようにと、照明が変わっていった。「緊張のあまり上がる」ことをドイツでは「ランペン・フィーバー Lampenfieber（照明《ランプ》に照らされたための発熱《フィーバー》）」というが、これはこの時代に由来する概念で、もともとは「舞台前端発熱《ランペン・フィーバー》Rampenfieber」という表現だった。蠟燭の場合、明りとして使われるのはエネルギーの一パーセントにすぎず、残りは熱になってしまうために、舞台の前端近くはとても暑く、俳優たちは熱っぽくなり、汗をかいたものだった。

劇場での蠟燭の消費量は莫大だった。本数をあれこれ憶測するまでもない。ちゃんと書き留められているのである。ウィーンの宮廷劇場では、一回の上演で客席に火が灯された蠟燭が三百本、舞台には五百本だったという。すべてがもっと明るく照らされたヴェルサイユ宮では三千本の蠟燭が美女たちに光を投げかけ、また舞台を照らした。[82]当時一般に使われていた蠟燭には、長く燃えればそれだけ芯も長くなるという癖があった。長くなった芯を「掃除する」、つまり切り詰めないと、すぐに煤が出、蠟がたれはじめた。これは劇場ばかりでなく、蠟燭で明かりをとるどの家庭にも当てはまる。およそ三十分ごとに誰かが芯の手入れをしなければならなかった。それを放っておくと、蠟燭はたいていが獣脂から造られていたので、悪臭を放ち、煤を出すいまいましい代物に化けてしまうのだった。「蠟燭が芯を切らずに燃えるのならば、それに優る発明はないと思う」――こう認めるのは、またもやゲーテである。

十九世紀になり、蠟燭にパラフィン蠟が使われるようになると、やっと煤がいくらかはコントロールできるようになった。けれどもそれ以前は蠟燭の芯を切り詰めることは、日常のごく当たり前の仕事だったに違いない。シュヴァーベン地方の童謡にさえ登場しているほどである。童謡ではお巡りさんや庭の四阿《あずまや》、馬車の車輪と並んで蠟燭の芯切り係も方言で歌われている。「ありゃ芯切りでねえか」と。

しかもルネッサンスの形而上学では「芯を切る者」という概念は、神に託されて人間の魂を刈り込み、彼らがより明るく輝くことができるように計らう者という意味で用いられた。

劇場でも彼、芯切り係はどうしてもなくてはならない存在であり、そこで独自の職業像が生まれた。芯切り係がいなかったならば、舞台の上のお芝居《スペクタクル》も、煙だらけの出来事にすぎなかったかもしれない。彼のおかげで時おりは啓発的な、あるいは全く啓蒙的な経験をすることができたのだ。芯切り係は上演の最中であっても、何度も舞台に登場して蠟燭の芯を切らなければならないので、芝居の中に組み入れられることになる。ふさわしい役がない場合でも、衣装を着せられた。言葉の使い方でも、芯切り係は舞台上の出来事とは別だった。俳優ならば舞台から「退場」するが、芯切り係はただ「歩み去る」だけである。

蠟燭の芯を切り詰めるのは楽な仕事ではなかった。というのは、できればその時に蠟燭を消さないようにしなければならないからで、芯切り係が舞台の前端に並ぶ蠟燭を一本たりとも消すことなく、うまく芯を詰めると、フランスならば大喝采を博すことができた。ところがイギリスではこれがうまくいかないと、芯切り係はこの上なく厳しく罵倒されるのだった。特に階上の暗い桟敷席から。しかもそんな目にあった芯切りの中には、その時に片眼を失った者もいたという。ゲーテについて伝えられるところでは、彼は芯を短くしすぎたクネーベルという名の芯切り係に、この仕事をすることを二度と許さなかったという。[83]

芯切り係は「異臭を放つ」ことで知られていた。これはひとえに彼がもうもうとした煙にさらされていたからである。けれども俳優たちも、彼よりましだったわけではない。芯切り係も常に一緒に舞台に上がっていたので、稀には病気の俳優の代役を務めることもあった。しかもハンブルクには、劇評をものする芯切り係さえいたらしい。

蠟燭の芯を詰めるだけでなく、芯切り係はもちろん防火にも責任があった。蠟燭という、裸火の明りがいくつも灯っているのだから、危険の源を過小評価するわけにはいかなかった。十九世紀だけで世界中で劇場の火災は千二百件にのぼったのである。

他のことでも芯切り係が動員されることはあった。たとえばレッシング［十八世紀ドイツの劇作家］は芝居があまり長くない時には、芯切り係にもう一度出番を、と考えた。それほど自然に芯切り係は劇場環境の中を動き回っていたのだった。

12 石版印刷工

Lithograph

大型の、また時には彩色した多様な絵

特　徴：自負心と極端な綿密さ

活躍期：アロイス・ゼーネフェルダー（1771−1834）により1798年に石版印刷術が考案されてから20世紀初頭にオフセット印刷にとって代わられるまで

挿　絵：作業を点検中の石版印刷工。実入りのよいエキスパートは、シルクハットにセーム革の手袋姿で仕事場に姿を見せる余裕があった。手袋は手脂で板石を汚さないために、両手にはめたままであった

背　景：「リービヒ絵　第3—石版工房で」。シリーズ696番（1906年）「リービヒ絵はどのようにつくられたか」から（「リービヒ肉エキス」製品の包装に「おまけ」として添付されたコレクションの一枚）

誰ぞ知る　会堂　堂宇の壁面に
世界の歴史に残さんと　フレスコ画法で描く術を
色褪《あ》せんことなくば　絵は永遠《とこしえ》に残るべし
誰ぞ伝えん　後の世に　巷や村のあれこれを
かく面白く　かくも心に沁み入ることと
誰ぞ描きし　緑の景色　旅亭の旗を
はたまた尊き紋章を
誰ぞ描きし　代々千載のわが父祖を
後に伝えん　かくも巧みに　油絵にして
誰ぞあまねく今の世に　尊び敬まわるるべき
そは色彩の芸術家　我らがために　人の世を
色とりどりに　描くゆえ[84]

ヴィルヘルム・ブッシュ［十九世紀後半のドイツの人気挿絵画家］の詩は、彼の時代に絵を見ることができる場所をほんの一部描き出している。それから百年余りを経た今日、絵を存在しないものと見なして無視することはできない。写真として、版画として、挿絵として―絵はいつ、いかなるところにも存在し、複雑な言葉を語りかける。必ずしも理解できるわけではなく、またともすれば悪用してしまいがちな言葉を。

こうした「絵の洪水」という状況が引き起こされたのは、貧しい劇場芸術家アロイス・ゼーネフェルダーのおかげであった。十八世紀末、彼は自作の戯曲を出版する手段を探したあげくに、石版印刷術を考案したのだった。

ゼーネフェルダー「そうなれば、と私は考えた、お前は自分の精神の産物を、自分で印刷することができるのだ、と[85]」。

ゼーネフェルダーの時代にはまだ、何かを考案すると、それが世界史上最大の発明であるかのように、熱をこめて大げさに言いふらしたものだった。

「ある晩、ミュンヘンの町の門から遠くない、イーザル川の人気のない岸辺に、夢を見ているような暗い姿の、やせ細って蒼白い顔をした若者が立っていた。ひきつったようにわずかに身体を動かし、おぼろげな決意を抱きながら。惨めな、辛いことの多いこの世で生きるとは、彼にとって何だったのか…。ゼーネフェルダーが足を踏みしめながら川に近づくと、足もとの砂の中に、平らですべすべした肌理《きめ》の細かい石が目の前に現れた。これを見たとたん、彼の頭の中に何か輝かしい思いつきがひらめいた[86]」。

ゼーネフェルダーは石版印刷を開発した。顔料を石灰石に食刻《エッチング》し、水と油は反発しあうという知識にもとづいて、絵の複製を可能にする化学的な方法である。多くのハードルが待ちかまえる複雑な印刷法であるが、ゼーネフェルダーはこれをすべて克服した。まず複製すべき絵を描く適切な石を見つけなければならない。間もなくわかったのだが、ゾルンホーフェン［南ドイツ、バイエルンの都市、ここで採掘される板石は従来は建材とされた］の自然石が、肌理《きめ》が細かく純度が高いために、石版印刷に最も適している、と。太古の時代に海だったおかげである。ゾルンホーフェン周辺の太古の海では潮の流れがほとんどなかったために、岩の層が「ゆったりと」堆積することができた。伝説によると、この石は、すでにイスタンブールのハギアソフィア寺院の建設に用いられたと言われるが、それを証明するものはない。更にむずかしいのが、石に絵を描くことだった。図柄は左右逆に描かなければならない。それに芸術の素質も欠かせない。ゼーネフェルダーは石版印刷法のために、特別に弟子を育成した。特殊な印刷機——板石をはめこみ、それを傷つけないようにしながら充分な部数を印刷する新型の「石版印刷機」——を開発する時にも、ゼーネフェルダーが解決策を見つけた。彼の唯一の失敗は、この発明で金持ちになれなかったことだった。

ゼーネフェルダーによる石版印刷の発明、平版印刷あるいはオイル印刷［着色石版を用いた油彩画の複製印刷］の登場までは、絵は凸版や凹版の印刷法で印刷しなければならなかった。木版画あるいは銅版画として、エッチングあるいは木口木版画として。これらの印刷法にはすべて、印刷可能な部数に限度があるという欠点がある。木版画はおよそ一千部作ることができ、銅版画なら同じ部数がすでに絶対的な上限、エッチングは百から二百部しか刷れない。もし絵をカラーで印刷したければ、印刷後に型を使って手彩色しなければならなかった。しばしば女性たちに委ねられた仕事である。そのためには選べる色は数えるほどしかない。だがゼーネフェルダーの発明やそれをもとにした後続のあらゆる着想によれば、一枚の絵に二十色まで使って印刷することができた。しかもその上、絵は速く、限りなく何度でも複写することができた。石版の絵が「使い減らされる」と、それを別の石版にコピーすることができる。たいていは元になる石があって、版下の役割を果たした。ひとつのモチーフの印刷が終ると、石はミリ単位の厚さで磨かれ、次のモチーフのために使われた。この時代の専門紙では、使用済みの石版用の板石が、一部には最後に使った絵がまだ残ったままで、複製を作るよう安値で提供されることもあった。

この印刷法の潜在力はたちまちのうちに産業界に知れわたり、すべての人の暮しに革命をもたらした。絵の時代が夜明けを迎えたのである。

絵を売り歩く行商人―画商は、十六、十七世紀には、すでにイタリアからシベリアまで、絵の通商路を広げていた。縁日や町をとり囲む壁沿いの場で、また町の門を出た「特定の《ステイショナリ》」場所（それゆえ英語の stationary は文具商と関連したことばなのだ）で、彼らは絵を提供した。そうした商人を描いた絵は無数にある。ゼーネフェルダーの発明のおかげで、昔の巨匠たちの作品さえ、複製になって安値で売られるようになった。他の印刷法による価格の半値以下で。一八三七年にベルリンには十七の石版印刷所があったが、五十年も経たないうちに、フリーの石版印刷職人を含めれば、千五百カ所にのぼった[87]。この急激な発展が可能になったのは、ひとえに産業の専門化、つまり石版職人の仕事が石版画師と印刷工とに分担され、刷り上がった商品を国際見本市で展示し、目録による宣伝を始めたことによる。石版画師は自分たちの要求どおりのものを手に入れることができ、また八方手を尽くして求人がおこなわれた。印刷工は石を用意しなければならなかったし、また印刷もおこなったのだが、彼らもまたこの時代の状況の中では稼ぎがよかった。どんな種類の絵でも、需要が尽きることはないように思われた。

絵で考え、絵によって教育し、絵で好みを表現する。イースターやクリスマスには多彩なグリーティングカードのやり取りが始まった。事務用の書類は印刷されるようになり、商品はポスターで宣伝された。学校では壁に図が掛けられて、子供たちの想像の世界を大きく変えた。事典の類は、以前ならば学者しか使わなかったのに、急に「百科事典」と称して、多彩な挿絵が加えられた。教養階層の市民たちはこれによって、自分たちの好みが上品であることを示したのだった。

忘れることができないのは「リービヒ肉エキス社石版画コレクション」である。これはリービヒ社のどの製品にも添えられており、「珍しい樹木」、「世界の街角」、「建築物の様式」といったテーマが描かれていた。詳細を伝えてくれる絵で、もちろんステレオタイプ化されてはいるけれども、印象的であって、絵が語りかける言葉は今日もなお余韻を残している。しかも住居に絵を飾るのは、もう裕福な人びとだけではなかった。壁を飾る絵は、今では誰もが手ごろな価格で入手できた。ベルリンのアパートを撮った古い写真からは、たとえどんなに擦り切れた壁紙でも、そこに描かれた絵からはわずかながらも、それを選んだ者の趣味やロマンチックさ、そして思い切って自分の好みに従った様子が見てとれる。家庭に飾られる絵は、家具と同等の地位を得たのであった。雑誌『あずまや《ガルテンラウベ》』は一八八四年にこう記している。

「最も豊かな人びとの贅沢であったものが、しだいに市民に共通の財産になった。その結果、住居は二階から屋根裏部屋まで、また地下室にいたるまで美的センスが行きとどき、隅ずみまで明るくなった。洗練されていない目ざわりな部分は影をひそめ、心を落ち着かせてくれる」[88]。

改革の意思が芽生えようとしていた。とりわけ古典的な絵画によって古典的な教養を促進しようとする美術商や、ちょうど創設されはじめていた芸術協会の間で。著名な美術出版者ガイヤールは次のように説明する。

「ここは文化地域のはるか辺境にあり、また街道が進んだ教養を運んでくることもない。大都市の絵画館までは道がひどく遠い奥地であるのに、ここの小屋に入ると、その何軒もに、この上なく偉大な芸術家たちの最高の作品の優れた複製が壁に掛っているのが見られる。以前はそこには、色を塗りたくった一枚刷りの下手くそな作品が貼られているだけだったのに。それ位までに、オイル印刷がわれわれの芸術を、すべての人の共有財産にしているのである」[89]。

芸術協会と美術出版者たちは共同で、どんな種類の絵がどの部屋にふさわしいか、推薦の言葉を述べた。サロン用には大判の歴史画や風景画が薦められ、一八八〇年に完成したベックリン〔スイスの画家〕

一八二七―一九〇一）の「死者の島」は、最も好まれるサロン用の絵のひとつになった。「その大きさがソファの背壁を飾るのに最適だからである」。食堂向けにはオランダの静物画のような「楽しく、わずらわしくないモチーフ」[90]が選ばれた。一家の主人の書斎にはオリエント風の美女や、酒を飲む修道士、あるいはバッカスの絵が見受けられたし、寝室の一番人気は妖精たちの輪舞であった。子供部屋用には独自の絵がくり広げられた。メルヘンからとったいくつかの場面や守護天使である。明確な描線と力強い色彩とで描かれていた。公の空間にも絵画が持ちこまれた。手工業者組合の壁には愛国的なモチーフが、通商センターでは暦が好まれた。そして理容師は皇帝《カイゼル》を選んだ。社会民主主義者たちの古典的な定番は、マルクスかエンゲルスの肖像を刺繍した護符だった。病院向けには聖人像があった。野戦病院用にさえ、「兵士を恐怖感や破滅感からいわば脱け出させるために、絵は最も効果的で最も尊い手段を提供してくれる」[91]ことを人びとは発見したのだった。

旅先でも人びとは面白い絵にとり囲まれていることをどれだけ楽しみにしただろうか。その様子を『ホテルの人びと』から、一九二九年の一齣《こま》が見せてくれる。

「記帳係のクリンゲラインはグランドホテルの自分の部屋を点検してみた。家具は―クリンゲラインはそれに触れてみた――磨きあげたクルミ材でできている。こんな家具ならフレーダースドルフにもあった。ビスマルクの肖像画がベッドの上に掛っている。クリンゲラインは頭を振った。ビスマルクに反感を抱いているわけではない。これなら家にも飾ってあった。彼はぼんやりと、グランドホテルではベッドの上に他にどんな絵が飾ってあるか、考えてみた。豪華な絵、色彩豊かな際立った絵―どれも客を楽しませてくれる[92]」。

そもそも『芸術の番人』という雑誌は、避暑地への旅行には自前の絵を持参するよう勧めている。その方が、滞在がより堪えやすくなるから、と。

まったく無敵なのが聖人画だった。窓枠に収まるごく小さい絵であろうと、劇的な光の効果を添えてけばけばしく描かれた大型のものであろうと。キリスト教画像協会は、芸術協会による大量の粗悪品と闘ったのだが、自分たちも同類のものしか提供することができなかった。昇り調子の美術印刷会社は、目録で自社の絵をこう称賛している、「第一級の壁面宗教画[93]」、「最高の寝室用絵画[94]」、「舞踏会大広間の愉快な場面―きわどからず、上品な絵[95]」と。

純真無垢のゼーネフェルダーは、石版印刷という自分の発明について一書をものしているが、その第一章を次の言葉でしめくくっている。

「この発明が間もなく全世界に普及し、多くの優れた複製画によって人類に多大な利益をもたらし、彼らのより偉大な醇化《じゅんか》に資することを願っている。ただし、決して悪い目的のために利用されないようにとも。この願いを全能の神がかなえられんことを。そしてこの発明のために私が費やした時間が祝福されたものでありますように[96]」。

ゼーネフェルダーの発明は絵画を大量生産物にした。それらはよいことに用いられるだけではない。プロパガンダに利用されて人びとの心を深く傷つける。広告に使われると、絵入りでなければ大量印刷物などと結びつくはずのない感情が喚起される。絵というメディアは強力になった結果、それを複製するためにいっそう磨きがかけられ、技術の発達に寄与した。オフセット印刷が二十年代半ばに石版画にとって代わる。今日では更に別の印刷法になってしまった。とりわけデジタル印刷では、コンピューター・グラフィックスの技術者が絵を加工する。石版印刷工は今では、この印刷法の職人技が高く評価される芸術面で、個別に仕事をしているさまが見られるだけになってしまった。

13 屑屋、古布《ルンペン》回収業

Lumpensammler

リサイクル用古布、鉄、骨、古紙の回収

特　徴：古布を積み込む荷車、あるいは手押し車。大きな呼び声、時には鐘、あるいは簡単な金管楽器
活躍期：活版印刷機発明以降、第二次大戦の開戦期まで

挿　絵：手押し車を押し、「古布集めます」と呼ばわりながら路地をまわる回収業の老人。ヴェストのポケットには、自分が来たことを告げるメロディーを鳴り響かせるおきまりの「笛」
背　景：1801年、ブラウンシュヴァイク侯の命令「古布回収時に横行する幾多の暴力行為の排除について」。回収人たちに対して講じられる措置。ここには国外への古布の搬出のような違反、登録した製紙工場に対する古布回収業者の義務が言及されているシリーズ『世界のメロディー』では一九五九年に、ハーモニカ伴奏付き、アコーディオンのための陽気な歌が出版された。ワルツ調で、いっしょに身体で調子をとりながらうたう歌であった。

年がら年中　荷車引いて
年がら年中　家から家へと
年がら年中　こぶし効かせて
鉄　買いまあす　古布に骨に紙
鉄に古布に　紙　買いまあす
だれもが知ってる　この節まわし
昔変わらぬ　この呼び声を
けれどもそれで　娘ごころが騙せるものか

一九五九年、この時点では子供時代の記憶に残るよりも、もっと多くの古布回収業者が存在した。そしてわかりきったことだが、今ふりかえってみると、多くのことが実際以上に美しく見える。

「古布回収業者には、吐き気をもよおさせるような、糞便と死体の臭気とがまつわりついている」。ベルナルディーノ・ラマツィーニは、一七〇〇年に出版された著書『芸術家と手工業職人の病気調査』でこう記している。[97] 歌に暗示されるように、娘が心を奪われるのが古布回収業者ではどうも釣り合わないのだが、それも不思議なことではない。古布の回収が収益をもたらすことに気づいたのは、だいたいが老人や病弱な人びとだったのだ。それには充分な理由がある。この仕事を最初に始めた者は、この仕事をしながら老いることを望むわけにはいかなかった。この職業で最も多い死因のひとつが炭疽《たんそ》熱であり、その他には天然痘、疥癬《かいせん》、丹毒、チフス、そしてコレラのような伝染病だったからである。[98]

古布とは、この仕事で日々のパンを得る哀れな貧乏人の手押し車に積み上げられたものを指すには、余りにもきれいすぎる言葉である。その大部分を占めるのがぼろ布切れ。それも家庭でこれ以上使い続けるのを求めることができないくらい汚くなってしまった布だった。女性が毎月股の間に挟んだ布、それから看護に用いられた布、化膿した傷を縛った布切れ、隙間風が入らないように部屋の隅をふさいだ端切れ、雑巾など——湿っていたりカビが生えたり、虫や蛆や昆虫の卵だらけの布。でもこんなぼろ布がすべて何に使われるのか。特に紙を作るためであった。

古布の需要は、一四五〇年ごろ、グーテンベルクによって植字式の再利用可能な活字を用いた書籍印刷法が発明されて以来、絶えず増加した。紙はヨーロッパでは十三世紀以降知られるようになったが、それとともに「原料」としての古布にも需要がおこり、聖職者さえ説教壇の上からいわゆる「古布説教」――古布を持続的に集めるようにと呼びかけるほどだった。それまではパピルスや動物の皮から造った羊皮紙に書いていたのに、今では古い布切れを使って紙を作ることを知ったのだった。質のよい布であれば良質の紙ができ、粗い布ならば粗い紙が、また毛織物は吸い取り紙になった。イギリスでは亜麻布が、質に応じて便箋や下書き用紙に使われて、需要が増えたために、しばらくの間、経帷子《きょうかたびら》が毛織物で仕立てられたこともあった。

古布回収業者の課題は何よりもまず、古布を入手することであった。そのため彼は手押し車を押して街を走りまわり、大声で要件を叫ぶのだった。「私はすばらしい美声の持ち主で、街中であれば十軒先まで響くし、また三階や四階、いや裏側の部屋でも聞こえるほどだった」[99]と、あるぼろ布《ハーダー》回収業者は誇らしげに告白している（ハーダーは古布《ルンペン》の古語）。古布の謝礼として、彼は裁縫道具を差し出したが、彼自身は古布の質と量に応じて、製紙工場から現金で支払いを受けた。一日の最後に布は部屋にぶちまけられ、それを女と子供が選り分け、場合によってはバックルやボタンなどが外された。その後で布は細かく切られる。製紙工場では布切れをふやかし、搗《つ》き砕いて繊維にし、それを粥《かゆ》状にしてから、職人が紙に漉《す》いた。

はじめのうち古布回収業という職業は、ほかに仕事のない人たちの受け皿だったのだが、時代とともにうまく組織化される。だが敬意をもって見られる職業になることはなかった。業者にはそれぞれ決まった製紙会社が割りふられ、また工場側は自分の地域の専属の回収業者だけに仕事をまわ

すように配慮した。それを管理するために業者は、たとえば、

ロス　一七六七年生れ／オホトループ出身／五十歳、
中肉中背／着衣　青／目　茶色／毛髪　栗毛[100]

のように、証明書《パス》を持たされていた。

こうしたことを背景にしてみると、なぜハノーファの製紙工場が、この町の住民は粗悪なぼろ布しか出してくれないと当局に苦情を申し立てたかがわかってくる。上流の市民は良質の紙になる質のよい布を持っているはずだと人びとは思っていたのだが、そんな布は回収業者の手押し車にはひとつも載ることがなかった。しばらくしてやっとわかったのは、ネックになっているのが裕福な市民の家で働く女中や奉公人だということだった。つまり彼女たちは、回収業者たちが工場からは現金で稼ぎをもらっているのに、自分たちには古布と引き換えに裁縫道具しかくれないことを妬んでいたためだった。

十七世紀になると古布の密輸事件が頻発した。情報の伝達に飢えていたヨーロッパは、何としても紙がほしかったのだ。原料となる古布は、危険をはらんだ政治問題になり、国境を越えて持ち出すことは許されなかった。

ワイマール共和国ではヨーロッパ最大の古布集積所兼取引所が、ベルリンのシュパンダウ郊外に

つくられた。ここでは、たいていはユダヤ人経営者によって、二百二十種類の「オリジナルの雑多な古布」の交換が、全ヨーロッパ的な規模でおこなわれた。しかも他のどんなことにもかかわりのない独自の雑誌『原材料品業』さえあったのである[101]。

この、とうていバラ色などとは言えない手工業の最盛期は、ドイツではナチスと共に終りを告げる。一九三九年、古物利用担当帝国特別委員として、ゲーリングは国民に呼びかけた。「その通り、私たちの国には原材料は少ない。けれどもそれを手元に持っている。他国の国民は原材料をたくさん持っているが、遠方から取り寄せなければならないのだ」と。そして「古布はドイツ国内の大切な原料だ。特に学童たちが熱心に集めることで回収できる原材料であり、大ドイツ帝国における原材料の自由を間もなく達成することに、応分に寄与することになろう」。

子供たちが熱心にことに当ってくれた結果、プロの回収業者には古布はもうほとんど残っていなかった。戦後になってやっと東ドイツで、そして稀には西ドイツでも、回収業者が時おり、一軒ずつ古布を集めて回ることもあった。

けれどもひとつだけ、彼らが最後まで捨てることができないことがあった。古布回収業者としての誇りである。稼ぎは少ないけれども、自力で稼いだのだ。それだって立派な稼ぎなのだから。

「さても諸君、ご照覧あれこの俺《おれ》を—俺はぼろ布集め。目はくぼみ、頬はこけ、色褪せててかてかになったジャケットをまとい、破れたズボンをはいて、あちらこちらと、惨めに放浪《たび》する哀れな男。—俺の蒼白い姿を見て軽蔑し、目をそらすことはない。鼻や口にハンカチを当てるまでもない。なぜって俺は、町をうろつく立派な奴らみたいに、俺が背負った袋の中のぼろ布となんの違いもない奴らみたいに、龍涎香《りゅうぜんこう》や麝香《じゃこう》の香りなんかさせちゃあいないのだから。俺は実直な男さ。人生の苦労や苦しみなんかすっかり捨て去って、悲しみと苦しみの海に——文明社会なんぞと言われる海に沈んじまった。ぼろ布の袋を背負ったままで、仰向けに」[102]。

14 ビー玉職人

Märbelpicker

石灰石を叩いて
ビー玉を作る職人

特　徴：ほこりまみれの顎《あご》鬚《ひげ》、きらきら光る丸い小さな目《ビーディ・アイズ》、ぼんやりした目つき

活躍期：ドイツ中央部のテューリンゲン／コーブルク地方で1769年に最初のビー玉用水車が設置されてから第一次世界大戦の終結後まで

挿　絵：テューリンゲン地方のビー玉職人。石灰石を割り、さいころ状にしている。この後で水車小屋で碾臼《ひきうす》を使い、研磨して球形にする。典型的な計数盤と統一規格の箱は、さいころ状に割った石を数えるためにつかった

背　景：「ビー玉用碾臼水車の平面図と立面図」。侯国会計管理局により、1804年にメンヒレーデン近郊に建設される予定だった。建設監督官ゴトフリート・エーバーハルトによる立案、作図

モーツァルト・ボンボンには、最初にひと口噛んだ時に思ったよりも、ずっと多くのものが詰まっている。こうしたプラリーヌを食べてみると、中に何が詰めてあるのだろうという疑問は確かに生れる（マルツィパンだろうか）。だがそれよりずっと興味をそそられるのが、一体なぜ球形なのかという問である。

その形は、ザルツブルクとベルヒテスガーデン地方のもう一つの輸出品、つまり十八世紀半ばまではこの地方の名を高めていた、大理石製ビー玉の形なのである。ザルツブルクのビー玉は特に美しいとされ、商人の手でヨーロッパ全域に玩具として提供された。おそらくは幼いアマデウスも、旅にはいつもビー玉遊びの袋を持ち歩いたことだろう。

これほど完璧に丸いビー玉はどうしたら造ることができるのだろうか。ザルツブルクの人びとはその秘密を守った。だが一七三二年に三万人を超えるザルツブルクのプロテスタントが—その中にはビー玉造りの職人もいた—宗教上の理由で追放され、その多くが北へ、少なくとも信仰問題に関しては寛容なプロイセンに移住した時に、彼らはビー玉造りの秘密を持ち出したのだった。彼らは途中でテューリンゲンにも立ち寄って、親切に受け入れられている。テューリンゲンの人びとはザルツブルクのビー玉を知っており、製造技術や地場産業を構築する可能性についても話し合ったことだろう。難民が誰かひとりでもこの地に留まった形跡はない。けれども最初のアイディアは、そのころにテューリンゲンの人びとの頭に根づいたことと思われる。

大改革の時代であり、人びとは新たな活動の分野を探していたのである。それは、鉱山がゆっくりとではあれ着実に閉鎖されることによって、新たな職が数多く形成された、テューリンゲン地方で最初の地ではなかったかもしれない。地域や地下資源しだいでは、人びとはパイプオルガンの製造や玩具職人、ガラスの飾り玉つくりなどの専門の職人になった。それならなぜビー玉造りはそうならなかったのだろうか。

テューリンゲンの商人にビー玉製造用の水車を設置する許可が出るまでに三十年もかかったのである。しかもビー玉製造という新しい企業モデルがつくられるまでに、さらに何年もが必要だった。一八八〇年ごろの最盛期には、テューリンゲンのビー玉製造工場は、全世界に一億三千五百万個のビー玉を輸出している。石製の安いビー玉は、そのころはもうとうの昔に、子供たちの手の届かない他の目的、すなわち海戦で防衛のために使われたのだった。いわゆる散弾入りの砲弾として、弾丸として、石のビー玉は船の索具をずたずたにすることができたからで、帆の要らない蒸気船が登場して、初めてこうした攻撃法に終止符が打たれることになる。

だが販路は世界中どこにでも見つかった。テューリンゲンにはバルパライソ［チリの港湾都市］やアフリカ、インドから注文が届いた。

「メルメル、シュサー、あるいはシュネルコイルヒェン（ビー玉はこう呼ばれた）は遊具として使われる大理石製の球だが、オランダ人や英国人が毎年何百万個も必要としているのを見ると、東インドやインド西部で大勢の愛好家がこれを持っているに違いない」[103]。

もちろんビー玉を注文したのは愛好家ではなかった。ビー玉は確かにロンドンやロッテルダム経由でインドやインドネシア向けに船で輸送されたのだが、どこでどう使われたかは疑問である。その功績はただ一つ、東インド会社および西インド会社の商船は、東方への航行よりは帰りの方が積荷が重かったという事実にある。大事なのは、香辛料と原料を買いこむための場所があるということだった。この不足分―行きはカラ船、帰りは満載―を埋め合わせるために、船底に片道用にビー玉を積みこんだというわけだ。ビー玉はうまく袋詰めしてあって、正味の重量も比較的重く、場所はあまり取らなかった。「高貴な未開人」との信じられないような交易―ビー玉と引き換えに象牙と奴隷―が、ここでも関係していたのだろうか。その真偽は憶測の域を出ないけれども、そもそもなぜそんなに大量のビー玉を持って行くことになったのか、これで説明できるかもしれない。

テューリンゲン産のビー玉はとにかくアフリカとアメリカで大いに気に入られた。ビー玉をきれいな模様にしてモルタルに埋めこみ、家を飾り立てたのである。また墓石の飾りにした家庭もあった。

だがテューリンゲンのビー玉がこのように世界的な輸出のヒット商品になるまでには、いくつかの問題を早急に解決する必要があった。どんな素材がふさわしいか、どんな製法がよいだろうか、と。

最初の問については、ザルツブルクやベルヒテスガーデンと異なり、テューリンゲンには大理石はなかった。だが貝殻石灰岩があった。そしてあれこれと試行錯誤したあげくに、どの岩層からとった貝殻石灰石が最適かがわかった。というのはこの石灰石は堅すぎると水車をだめにしてしまうし、柔らかすぎれば粗悪品が多くなってしまうからである。

石の採掘には日雇い労働者が動員された。彼らは、もし必要であれば、岩層にたどり着くために坑道を掘らねばならなかった。それが命がけになることもあった。

「去年、ヘメルン出身のミヒェルは運がよかった。この男はビー玉用の岩の下にまる一日、下半身を挟まれてしまった。石掘りたちが十時間かかって彼の救助にあたり、やっとのことでこの不運にあった男を、生きてはいたものの、押しつぶされた状態で救い出し、製パン用の捏《こ》ね桶に入れて家まで運んだ[104]」。

家族総出で坑道から石を採掘し、小さな木造小屋に貯蔵する。賃借りした草原にそうした「インディアン村」があった。それらの貯蔵小屋の集落を、世間ではこう呼んだのである。採掘したばかりの岩は慎重におおいを掛けなければならなかった。冷えすぎたり、乾燥しすぎたりすると、すぐに細かく砕けてしまうからである。次のステップとしては石灰石を叩いて小さくし、均等の大きさの立方体をつくらなければならない。そして個数を確認しやすくするために、一定の大きさの箱に詰める。熟練した職人ならば、一日に九千から一万個、こうしたさいころ状の立方体をつくった。「同職組合《ツンフト》の老親方、トゥルッケンタール村のエーミール・ベッツが語ったところによると、フランスでの競技の際に四十時間で五万個の立方体をつくったけれど、二位にしかなれなかった」という。[105]

さいころ状にした石灰石を箱に詰めて研磨職人のもとに持ちこむと、持参した職人にはその場で仕事の対価が支払われた。その金のほかに、彼は—郷土新聞の記事によると—一食分の食事代をもらったという。フォレレ・ブラウ（かわます料理）か、塩漬けのたいていは犬の肉、「梨入りフランツマン・リキュール」二、三口分を。こうして彼は食事でうまく丸めこまれ、わずかな稼ぎで満足していた一方で、研磨職人はかなりのマージンを当てにすることができた。その際にいくつかの障害を乗り越えなければならなかったのだが。まず研磨用の碾臼《ひきうす》を設置する許可を申請しなければならなかった。たいていは前からあった穀物製粉用か製紙用の水車、あるいは織物の縮絨機《しゅくじゅう》にこの碾臼を嵌《は》めこむことができたのである。けれどもビー玉造りが明らかに儲かるとなれば、研磨専用の水車小屋が建てられた。必要不可欠なものだけをそなえた、小さな建物だった。

許可を得るためならば、何をすることも許された。たとえばある研磨職人について伝えられるところでは、宮廷での舞踏会の際に彼は公爵夫人と踊って、自分の願いを披露したという。後にビー玉産業が無数の家族を養うようになると、事はもっと簡単になった。十九世紀末から二十世紀にかわるころには、南テューリンゲンでは大小の川沿いに百三戸の専用の水車小屋を数えることができた。

水車小屋で何がおこなわれていたのか—どの水車小屋もそうだったのだが、謎に満ちている。これはもしかすると、シーズンの繁忙期には小屋の主が昼夜を問わず水車を稼働させていて、飲み屋をうろつく暇もなかったせいなのかもしれない。ビー玉研磨職人についてもこんな報告がある。彼らはいつも、碾臼が動いている間だけ眠っているが、石の軋《きし》む音で、さいころ状に砕いた石がもう球になったかどうか、聞き分けられるのだという。ここでは七百個の小さな石灰石が、溝のある鋳鉄製の臼の上に置かれる。次いで堅いブナ材製の制御棒を下ろすと、水車は回りはじめる—工程はおよそ三十分から四十五分で、その間にさいころ状の石は互いにこすれ合って丸くなる。

いくらか大変な頭脳労働になるのが、ビー玉の個数を数える時である。初めのころ、職人はいつも片手で五つずつ数え、二回分でひと掬《すく》い、百掬いで一袋になった。後になると、計数盤が考案された。これは板一枚に一列につき十ずつの窪みが十列作られている。これでビー玉をひと掬い、余分なものは元に戻して必要な数を袋に詰めた。

職人たちの最大の秘密は、ビー玉の染色であった。この知識は時代がたつにつれてしだいに貴重になった。というのは、十九世紀半ばに最初のガラス製のビー玉が登場して、子供たちに喜ばれたからである。つまり石のビー玉でも同じように出来るだけ多彩で、光っていることが必要になったのである。そこで、さいころ状のままで石を液体顔料に漬けて染めることができたし、あるいは碾臼で二度目の研磨をする際にビー玉に顔料を散布し、こすり合わせることによって色を焼き付けることができた。これに続く工程では、硫黄の溶液をつかい、色彩を引き立たせた。けれどもその際に職人たちは顔料の有毒なほこりをたくさん吸いこんだので、後には工程を変え、回転する桶に入れて染色をおこなった。今日、この知識は生きている。南テューリンゲンやコーブルク地方の少数の郷土博物館がこのテーマに専念しているおかげである。

ビー玉造りの仕事は恒久的なものではなかったし、なによりもまず一銭稼ぎの仕事だった。戦争があればビー玉は大量に売れたが、平和な時代にはわずかしか売れなくなった。肥《ふと》った碾臼水車の職人は、後には今にも餓死しそうに見えた。稼ぎの少ない日雇い職人は、石灰石を小さな立方体に割って納入する仕事を辞めてしまった。もちろんよい時代には、石灰石が儲かるという噂がたちまち広がったのだったが。またアルザス地方のように貝殻石灰岩が見つかった他の地域でも、ビー玉《ムルメル》研磨用の水車小屋を建てて、テューリンゲンから職人を雇うところもあった。とにもかくにもテューリンゲンの水車は、この産業部門が衰退する以前には、最もよく知られ、最も生産的な水車であった。今日ではこれはただ「ぼやき《ムルメルン》」の対象でしかない。

15 ロザリオ職人、琥珀細工職人

Paternostermacher/Bernsteindreher

琥珀を加工し、ロザリオを造る

特　徴：琥珀の産地には居住しない
活躍期：12世紀以降

挿　絵：ロザリオ職人あるいは琥珀細工職人の作業場、ここで琥珀の原石を加工する。円弧型の椅子など、典型的な道具が見える
背　景：カスパル・ヘネベルク（1529−1600）による地図『バルト海、プロイセン』。エルビング／1576年作成

一八二六年刊行の『ドイツ語一般押韻辞典』[106]によると、琥珀細工職人《ベルンシュタイン・ドレーアー》は、バイン・ドレーアー（轆轤《ろくろ》細工師）やナーゼン・ドレーアー（ひとを馬鹿にする者）、ピレン・ドレーアー（大玉押黄金虫《オオタマオシコガネムシ》）、その他の合わせて二十四の「ドレーアー-dreher」に終る単語とともに、フレーアー-flehерやゲーアー-geher、あるいはシュール・アオフゼーアー（視学官）とかウングリュクス・ゼーアー（不幸を予見する者）のごとき「ゼーアー-seher」に終る四十一語、さらにはヴォネン・ヴェーアー（語義不明）やキルヒェン・フォアシュテーアー（教会役員）の後半の綴りとも同じ韻を踏んでいる。こうした押韻によって霊感を与えられたように思う人ならば、今すぐにも詩のひとつやふたつ創ることができるかもしれない。とはいえ、琥珀細工職人たちの同職組合《ツンフト》の主な製品であるロザリオは、結局のところ詩ではなく、祈祷文を一本調子で唱えるのに役立った。ロザリオ造りの職人を描いたある銅版画のタイトルにあるように、まさに「敬虔な魂が流す涙、それを神が掌に受けて、数えさせる」という意味で。[107]

こんなにもたくさんのロザリオが、よりにもよって琥珀から造られたのは偶然ではなかった。かくも軽く、かくも柔らかな手触りで、おまけに塩水に浮かぶこのバルト海の黄金には魔力が秘められていると、昔から言われてきたからである。狩人は琥珀でできたお守りを身に着けていたし、琥珀で造った動物像は墓に納められた。今日でも幼い子供たちの首には、歯痛を防ぐために琥珀のネックレスがかけられている。

琥珀はギリシャ人も知っていた。彼らはこれを太陽から生れた石「エレクトラム」と名づけた。イタカ島の人びとは太陽神ヘリオスの息子、パエトーンの伝説が伝える物語を知っており、琥珀がそんじょそこらに転がっている石でないことはわかっていたらしい。伝説というのはこうである。パエトーンが乗った父の日輪の戦車が軌道を外れて大火事をひき起しそうになり、彼はゼウスにより死をもって罰せられる。神々の父は、嘆き悲しむ母親と涙にくれる妹たちをポプラに、彼女たちの涙を琥珀に変えた。今日では少なくとも百万年を超えた樹脂ならば、すべて琥珀と呼ばれる。古代ギリシャ・ローマの時代には、すでにバルト地方の琥珀は知られており、かつて北ヨーロッパ全域をおおっていた巨大な針葉樹林のおかげであった。樹々は何百万年もの年月をかけて、小さな脂《やに》の滴―永遠の時を超えて生き続ける「涙」を作り続けたのである。

ローマ人プリニウス［二三―七九、『博物誌』を著す］の原典のおかげで、私たちには琥珀が流行したことがわかる。

「琥珀から造られたちっぽけな像でも、活発で力強い人間（奴隷のこと）を上まわる値がつけられている」[108]。

フェニキア、ローマ、エトルリアの通商路を通って、すでに古代にはこの「北方の金」は地中海や、さらにオリエントまで運ばれた。この、石ならざる石の魅力にあらがうことのできる者はなかった。ホメロスはこの樹脂の滴のために、文学的な遺産を残した。『オデュッセイ』で琥珀製のネックレスについて、「それは黄金色をしており、光輝く太陽にも比せられるエレクトラムがちりばめられている[109]」と表現しているのである。

かくも琥珀は実に北方の黄金であった。

それは、たとえばロザリオのような高貴なもののために使われるのでなければならなかった。しかもロザリオは中世には大量生産されるはずであった。

初期のロザリオ職人に特徴的なのは、彼らの作業場が琥珀の産地からはるか離れたところにあることだった。つまり誰もが想定するようなケーニヒスベルク〔旧東プロイセンの首都、現ロシアのカリーニングラード〕やダンツィヒ〔旧ドイツ領の都市、現ポーランドのグダニスク〕ではなく、リューベク〔バルト海沿いのドイツの都市〕やブリュージュ〔ベルギーの古都〕だったのである。その理由は、十三世紀以降ザムラント地方、すなわちほとんどの琥珀が浜に打ち上げられるケーニヒスベルク周辺の地域を領有していたのが、ドイツ騎士修道会だったからである。ひとつの数字を挙げるなら、一八六二年に秋の嵐が襲来すると、ケーニヒスベルクから遠くないパルムニッケン村の住民は、二千キログラムの琥珀を拾い集めることができた。「浜の恵み」と人びとはこの現象を呼んだほどだった。

騎士たちは、この宝物から可能なかぎりの利益を引き出すこと、そして琥珀の取引きを管理することを自分たちの権利であると宣言した。ドイツ騎士修道会の騎士として、彼らにはそうするための強圧的な手段があれこれとあった。世界中が欲しがるこの宝を、住民たちはあらかじめ浜辺で自由に拾い集めることはできる。だが、それを修道会が指定する商人に引き渡さなければならなかった。その代価は塩で支払われた。割に合わない物々交換である。この措置がうまくいかないことがわかると、許可なく浜辺に留まったり、まして琥珀の原石を売買することも禁じられた。浜の住民たちは誰もがいわゆる「琥珀の誓い」を宣誓しなければならなかった。琥珀を拾ったり、所有したり、まして売却したりしないよう義務づけられたのである。一方、教会では日曜日ごとに説教壇から、改めてしつこくその旨の説教が繰り返されるのだった。十六世紀半ばになると――その間にケーニヒスベルクはプロイセンの領有下に置かれた――、浜に続く道には絞首台が立ち並び、一六九三年には、琥珀泥棒専用の最初の牢獄が建てられた。

　禁令は長期に及んだ。一七九四年には、まだ作家ルートヴィヒ・フォン・バッコはその著書『ナンケのプロイセン紀行』で報告している、「私は海岸沿いに歩く許可をもらっていた[110]」と。当初は住民に不正に見つけた琥珀を売買する機会をいっさい与えないために、琥珀細工師の作業場がはるかに離れた、バルト海のもう一方の端や、北海のすぐ近くに移されたのだった。

　移転先の土地、ブリュージュとリューベクでは、琥珀細工師は出来高給で働いた。それゆえリューベクでは、一三六〇年、町によって夜間労働が禁止された。冬の労働時間は朝六時から晩の八時まで、夏は朝五時から晩の八時までと定められた。ただし土曜日の午後は四時までしか働いてはいけなかったのだが[111]。

細工場が二つの都市に限られたのに、キリスト教徒はいくらでもいたところから、なすべき仕事もいくらでもあった。一四二〇年にはブリュージュでは、七十人の親方が合わせて四百人の人びとを従えて、琥珀細工の仕事にたずさわっていたという。リューベクの方は必ずしもそれほど大勢がこの仕事で暮しを立てていたわけではない。同じ時期に、およそ四十人の親方が職人を二人ずつ抱えていた。

琥珀の原石を琥珀細工師の同職組合《ツンフト》は、独占権をもつ修道会の騎士から直接購入した。もっと後、すなわち一五二四年以降は、プロイセンの代々の君主から購入した。原石の質をめぐる争いが生じることを防ぐために、君主たちは琥珀を籤《くじ》でそれぞれの経営体に割り当てたのだった。ロザリオは、たとえば木材、骨、貝の真珠層、象牙など、他の素材から造られていたのだが、もちろん琥珀細工師もつくることができた。カトリックの地域である南ドイツの腕利きの企業がこの市場に充分に奉仕したことは言うまでもない。

未加工の琥珀はまず品質ごとに選り分けなければならない。その後でそれを真珠ほどの大きさに切断し、ハンドルで操作しながら砥石でとぎ、さらに磨く。その際に、琥珀が熱をもたないように気を付けなければならない。「琥珀は加工時に、とりわけ磨く際に熱くなり、ひびが入りやすくなる。それを防ぐには、間をおいて冷えてから加工を続ける」[112]と、『岩石加工情報読本』は指摘する。これに続き、真珠のようになった琥珀に穴をあけて糸を通し、数珠をつくる。

「職人たちはどうやら出来高払いで労賃を受け取ったらしい。小さく刻んだ珠《たま》千個につき八ペニヒ・リュプシ［リューベクの通貨］が支払われ、穴を開けた未加工の珠ならば千個当たり四ペニヒ、加工済みであれば千個で九ペニヒだった」[113]。ロザリオには数多くの型があって、一〇八五年以降のものは立証できるのだが、つながれた珠の数もさまざまだった。リューベクでは特に五十個の琥珀の珠を綴って造ったけれども、十個ずつ三つに分けたのもあった。琥珀職人の仕事は単調だったけれども、リューベクの同職組合《ツンフト》もブリュージュも、この仕事で充分に稼ぐことができた。両都市の同職組合は共に商人と独占契約を結んでいた。商人は毎年、あらかじめ決められた数のロザリオを組合から引き取り、商品を南方に輸出するのだった。ヴェネチアに、ニュルンベルクに、フランクフルトに、そしてケルンにと。リューベク周辺の町には職人自身がロザリオを提供した。琥珀の収穫地に近いダンツィヒの人びとが一四七七年に自分たちの琥珀細工同職組合を立ち上げようとした時に、リューベクとブリュージュの組合はこれに抗議し、禁じることに全力を注いだ。だが時すでに遅しだった。ダンツィヒはその十一年前からもうプロイセン領ではなくなっていたのである。ダンツィヒがこの利益の多い仕事の一部を要求したのはきわめて当然のことだったわけである。リューベクとブリュージュの人びとの懸念がもっともだったことも、すぐに明らかになった。ダンツィヒは地理上、際立った位置にあり、その上、国際感覚を持つ商業の中心でもあったからである。ダンツィヒの琥珀職人の同職組合は急速に大きくなった。その一方で、リューベクの琥珀職人の数は減少の一途をたどる。十七世紀にはリューベクで働く親方は二人だけになっていた[114]。うまく行ったのを見て、これに倣うところが現れる。ダンツィヒに続き、ポメルンとケーニヒスベルクにも相次いで同職組合がつくられたのだった。

琥珀職人たちがロザリオを造っている限りでは、彼らの仕事に特別厄介なことはなかった。

「一般的に言って私が見るところでは、普通の琥珀細工職人は簡素で欠陥の多い道具を使い、技術もあまり完璧とはいえない。それに比べ、芸術品を造る轆轤《ろくろ》細工師や木彫師は、鑢《やすり》や鑿《のみ》、彫刻刀を巧みに操る方法を心得ており、象牙や貝の真珠層などとは別の、上等な素材から造ることができる芸術品ならば、どんな物であろうと琥珀からも同じように完璧に造ることができる」[115]。

琥珀細工師たちは、どうやらそれほど苦労せずに習得することができるらしい何かに対して、独占権を持っているようだった。そこで彼らはそれだけ厳重に、自分たちの手工業に関する知識が仲間うちから漏れないようにした。琥珀職人の同職組合は十五世紀にはすでに、職人たちが修行のために遍歴の旅に出ることに反対していた。親方たちは、配下の職人たちが仕事のノウハウを他の地域に伝えることを阻止したかったからである。もぐりの仕事、すなわち組合に所属しない者たちの無資格労働に対する争いにおいても、同様に融通を利かせることはなかった。

「同職組合制度の頽廃も、特にもぐりの職人に対する争いがしだいに激化していったことから、垣間見ることができる。この件でダンツィヒの組合が国に訴えた苦情はきわめて数が多く、これらの訴状に記録された極端な利己主義から私たちに見えてくるのは、同職組合への強制加入という制度があまりバラ色に輝くものではない、ということである」[116]。

ロザリオ造りに専念してきた琥珀細工職人をきびしい最後がみまったのは、マルティン・ルターが世界舞台に登場し、その後ロザリオがカトリックの信者にしかつかわれなくなった時である。ザムラント地方のプロイセンの諸都市も、宗教改革派としての運命に見舞われた。熱烈なカトリック教徒たちが琥珀のロザリオを、今はもう背教者たちからではなく、カトリックに留まった他の地方から購入したからである。初代プロイセン公、ブランデンブルク・アンスバハのアルブレヒト一世は一五二四年に宗教改革を導入し、ドイツ騎士修道会の領有する土地を世俗の公領にしていた。公はカトリック教徒たちの動向に左右されることなく、琥珀細工師たちに世俗の実用品や贅沢品を注文しはじめた。羅針盤、火薬瓶、さいころ、装飾品、小函などである。これらの製品は好んで外交用の贈答品として用いられ、今日でもサンクト・ペテルブルクからボローニャに至る美術品の陳列室で見ることができる。琥珀製のこうした外交用の贈り物がクライマックスに達したのが、プロイセン国王フリードリヒ・ヴィルヘルムが一七一六年にロシア皇帝を狂喜させたあの琥珀の部屋であろう。

今日、ドイツには琥珀職人はひとりだけ存在する。バルト海岸のダルス半島に。

16 にせ医者

Quacksalber

別名、理髪師兼外科医、もぐりの医者、切石術師、へぼ歯科医、外科医

特　徴：口先仕事、奇跡
活躍期：14世紀から19世紀、後には通信販売がにせ医者の仕事を受け継ぐ

挿　絵：大衆が見守る中で外科施療中の「にせ医者」。傘の下にはお定まりの薬品と、彼の技量と知識の証しが置かれている
背　景：薬品の説明つきラベル「喘息患者用最高級タバコ　点火後に煙を強く吸い込むこと」、「医家用純アルコール」、「桂皮油」、「駆虫用チョコレート　効き目は抜群 味好評、板チョコ1バーずつ毎日3回」、「そばかす治療薬　そばかす、肝斑、皮膚の汚れ除去に優れた効果」、「蟻酸精」、「カノコ草エキス」、「ビーバー香錠剤」、「殺鼠用毒入り小麦　ストリキニーネ入り穀物　毒物」、「浄血剤」、「コレラ滴剤」、「硼酸水」、「マラガ酒」、「ヨード・レシチン丸　心身の過労や卒中発作を起し易い方に極めて好評」、「ワイン入り大黄チンキ健胃剤」、「リューマチ用オポデルドック治療薬」、「歯磨き粉」、「辛子精」

中世の時代、歯痛には全くポジティヴな効果があると言われた。歯痛は大喰らいや饒舌を防ぐ、と。[117]でも、穴だらけになった歯を抜いてもらうのは、もちろん嬉しいことだった。痛みがひどければ、そこからこんなちょっとでも道徳的な意味を読み取るよりほかに、どうしようもなかったではないか。そんな痛みに苦しむ者が何人も、歯医者が町にやって来るのを待たなければならなかった。「トララ」とラッパを吹き、太鼓をたたきながらやくざな歯を抜き取ってくれるのを。トララと太鼓の音は何よりも、さかんに痛みを訴える患者の悲鳴をかき消すのに役立ったのである。

にせ医者《クヴァクザルバァ》とは、中世このかた人びとの健康のため、あるいはさまざまな病気を取り除くためにささげられた多くの行為を表わす職業名とされる。厳密な語源は今日ではもう立証することはできない。主な説は二つある。ひとつは当然のことだが、水銀《クヴェクジルバァ》に由来するという推測である。この有毒な金属は、適量を摂取するならば、梅毒に効く数少ない薬剤のひとつであった。この病気は唐瘡《とうがさ》とかフランス病とも呼ばれ（フランス人はイタリア病と呼んだ）、一四九四年に初めてフランスの船でジェノヴァの港に上陸し、猛烈な勢いでヨーロッパ中に広がった。にせ医者《クヴァクザルバァ》はさながらこの病気の後を追うように旅をして、薬《クヴェクジルバァ》を売り付けたのだった。もうひとつの語源的解釈では、イタリア語の「おしゃべりをするciarlare」に由来すると指摘される。つまりにせ医者は口達者だというわけで、これはこれでその通りだった。というのは、町の広場で薬を売ったり、自分の治療能力を宣伝したりするには、人びとを納得させるためのいくつかの作業をせざるをえなかったからである。

中世には医学的な介助は存在しなかったと思っている人がいるならば、それは間違いである。当時も健康は人びとの最高の宝であり、病気は神による罰とされた。人びとは蠕虫《ぜんちゅう》や虱《しらみ》のような寄生生物と暮らしていたし、おどろくほど何度も膀胱や腎臓の結石に苦しみ、ヘルニアになり、骨折し、怪我をして傷が口を開け、また鬱病になった。グーテンベルクが書籍印刷術を考案した時に最も多く印刷されたのが、魂の救いを促す聖書だった。薬用植物誌はベストセラーのリストで第二位を占めて、身体の健康を維持する助けとなった[118]。

だが、快癒することを考えるのであれば、医者などどうあっても、人びとが助言を求める正しい相手とは言えなかった。ヘルマン・ベアハーフェ―彼自身、十七世紀の医者なのだが―はこう語っている。

「医術が誕生してこの方、アスクレーピオス［ギリシャ・ローマ神話の医神］の実の息子たちの内の半数の六人が地上にもたらした善を、同じ仕事を生業とする数知れぬ多くの博士たちが人類の間にまき散らした悪とを比べるならば、この世に医者が一人たりともおらねば、その方がはるかによかったであろうに、という考えに疑いなく思い至るであろう[119]」。

つまり医者は手近な手段を用いて治療活動をしたのであった。それは特に瀉血《しゃけつ》と検尿、つまり尿検査だった。古い絵画に描かれた室内の備品に注意して見ると、尿瓶《しびん》はどこの家庭にも備えられたもののひとつである。それ以外の点では一般の医者先生《ドクトル・メディクス》はあまり役に立たなかった。ギリシャ語は大学ではもうほとんど教えなくなっていたので、昔の西ローマ帝国ではギリシャ人が著した医学書を読むことができなかった。けれどもアラビア世界の学者たちはそれを読んだことと思われる。それによって彼らは自然科学のさまざまな分野で優位に立つことができた。遅くとも「医者《メディクス》」の著作が刊行されて以降私たちも知るように、西洋が東洋医学の水準に到達するまでに長い年月が必要だった。

ヨーロッパの「医者たち《メディチ》」はそれでもラテン語を読み、鬱病《メランコリー》―同時代の銅版画に描かれた流行りのモチーフ―に苦しんだ。不思議なことではない、医者の育成には六年かかり、しかも純粋に理論漬けだった。彼らは豚を解剖し、賢くしゃべることを学んだ。けれどもいざ治療する段になると、逃げ出してしまうのだった。十七世紀の終りにはまだ、医者の卵が試験の後で誓った「ヒポクラテスの誓い」には、「特に結石を切除する、ヘルニアを切開するなどはせず、そうしたことは経験豊かな方々に委ねます[120]」という一節があった。

そのような世界像にあっては、実践家や経験を積んだ者、処刑役人（「刑吏」の章を参照）こそが良医なのだった。外科医という語は手先の器用な職人以外の何ものでもなく、折れた骨を固定し、腎臓や膀胱の結石を切除し、ヘルニアを除去し、あるいは目からそこひを取り除く職人こそが、外科医だったのである。時にはそれがイタリアのノルキアス家のように、代々の一族全員ということもあった。彼らは何世紀にもわたり自分たちの知識を次の世代に伝えた、卓越した外科医一族で、旅廻りをすることにより、さまざまなところで患者の治療に当たることができた。また有名な、悪名をはせたドクトル・アイゼンバルト［一六六三―一七二七、優れた医師であったが香具師的なふるまいでも知られ、早くから伝説化した］もまた、専門分野では達人とされ、手術の前に道具を炎で滅菌消毒したと言われる。しかもアイゼンバルトは鼻のポリープを除去するためのフックや、目の手術をもっと手際よくおこなうことができるようにと、そこひの切開具さえ考案している。

だが遍歴の旅をする外科医の誰もが、責任感が強かったわけではない。彼らは急いで、いくらかでも余分に稼ぐと、さっさと次の村に移動する放浪の民のひとりにすぎなかったのである。彼らに委ねられたのは、その土地に在住する外科医があまりにも手を焼いた手術であった。時として彼らに良心のひとかけらもなかったことは、肥満症で苦しんでいた伯爵デド二世の物語が証明しているとおりで、インチキ外科医がその場ですぐに伯爵の腹を開き、脂肪を取り除くと、手術代を受け取って急いで立ち去ったのだった。もちろん伯爵が生き延びることはできなかった。

時には名医が自分たちに求められた手術により、奇跡を起こすこともあった。たとえば頭痛に苦しむ者があると、彼の喉から分厚い石を切り取った―というのは、腎臓結石があるのなら、きっと頭部の結石だってあるはずなのだから。薄暗がりの中で手術がおこなわれ、あれやこれやの手練手管《トリック》が用いられ、この擬似薬《プラシーボ》まがいの治療法が、時にはきわめて功を奏したのだった。

にせ医者は一方でまた、定まった薬を売り歩く旅の薬剤師でもあった。いわゆる痀瘻《くる》病の男がカルパチア地方の唐檜《とうひ》から採ったテルペンチンを含む安酒を売って、それに炎症を抑える効果があるとしたのはまだ納得できる。だがにせ医者は何世紀もの間に、身のほどもわきまえず、ますますわけのわからない鵺《ぬえ》のような存在になり上がっており、それに応じて自分を売りこまざるをえなかったのである。彼らはヨーロッパの街々の広場に姿を現しては、滑稽なショウをおこなった。もちろん彼らは自分の輝かしい経歴の証しとして、腎臓から取り出した結石をいくつも紐に吊るしたり、抜き取った歯の堂々たるコレクションを見せたりした。これこそすべて、わが才能の証しなのだ、と。けれど、もっと賢明なやり方があった。たとえばイギリスのにせ医者、ドクター・ウィリアムスが実演販売する時には、台詞は常に脚韻、頭韻を踏んでいた。たとえば「ピンク・ピルス・フォー・ペイル・ピープル」は顔色の悪い人びと向けの、真の売れ筋商品なのだった。一方ドクトル・アイゼンバルトは、百二十人を引き連れて旅を続けたという。その際に彼のおしゃべりは大衆をおびき寄せるのに役立ったのみならず、これから治療を受ける患者たちの気をそらして痛みを軽減したり、嘆き悲しむ声をかき消したりしたのであった。

　他のにせ医者の中には道化師や美しい婦人を使い、タイミングよくショウをおこなおうという者もあった。中世から近世に一番買い手の多かった薬のひとつが「テリアク」という名の、どんな種類の毒物にも効くとされる解毒剤で、かなりの量のアヘンを含んでいるために、素早く効いて回復したように思わせてしまうのだった。この奇跡の薬テリアクの効能を証明するために、にせ医者は自ら舞台上で蛇に身体を噛ませたり、あるいは毒を口にしたりして、体内に毒を取りこむ。—もちろん胃が空ではまずい。彼だって馬鹿ではないし、自分が何をするのか、ちゃんとわかっている。あらかじめ喉に刷毛で脂肪を塗っておくか、あるいはバターを呑みこむかしておいた。タイミングが成功の、そして生き延びるための鍵だった。一七八六年のベルリンの『フォス新聞』には、ヨーロッパを股にかけて活躍した有名なにせ医者カリオストロの逸話が載っている。

「パリ　七月二十一日。カリオストロの逸話をもうひとつ。ある時彼はある大帝国に滞在し、この国第一の医者をいかさま師だと言った。そこでその医者は自分を中傷したカリオストロに、剣による決闘を申し込んだ。〈そんなやり方で医者同士が決闘するなんて〉とカリオストロは言った。〈貴殿に丸薬をさしあげよう。それを服用し、その丸薬がもたらす悪い結果からわが身を安全に護ってみるがよい。私も貴殿が下さるものを服用し、その結果がいかなるものであれ、防いでみせよう。生き残った者が勝利者となろう〉と。相手の医者はあえてこれに応じることはなかった。だがカリオストロは、医者たるもの、いかに決闘をなすべきか、その作法を実際に示したのであった[121]」。

一七六八年の『ハンブルク・コレスポンデント』紙に掲載された広告のように、思いつく限りのどんな病気でも治すことのできる薬も登場する。

「スコットランド丸《がん》—頭と心を快活にし、めまいや偏頭痛を除去し、胆汁を清めてメランコリーにおちいりがちな気分を改善、また便秘を治し、喀痰《かくたん》を促し、体内の余分な水分をすべて排出。ご婦人特有のあらゆる体調不良にも効き目は抜群。寄生虫を駆除。旅行者、特に船乗りは何よりもこの丸薬の服用を。老若ともに、また昼夜を問わず、食養生を止めることなく、いついかなる時にも服用可。足部痛風を予防する特性あり。ただし、すでに痛風にお悩みの向きは、他の病同様、症状軽減の効果も。ひと箱一マルク・フロレンティーナ。ハンブルク商業取引所脇　ペティの店で」[122]。

家庭常備用にどうしてもなくてはならない薬というものがあったわけである。また他のにせ医者たちは—たとえばドクトル・トゥフツと名乗る者のように—自分を利他主義の、人情に通じた医者であるとうたい、どんな病気でも捻《ひね》くり出して、それに必要な薬をすぐに与えるのだった。医薬品産業が今日でも使っている、実証済みの手法である。

昔の記録文書を読んでいると、おどろくほど何度も行き当るのがメランコリー、すなわちギリシャ語のmelancholia—黒胆汁に由来する語で、陰鬱な気分や自発性の欠如のせいで他人の注意をひく感情のことを、当時もこう言ったのである。ヒポクラテスはすでに、こうした感情は黒胆汁が血液中に過剰に分泌されることにより惹き起こされる、としている。よくこうした感情におそわれた修道士たちは、一心に神に祈るよう勧められたのだが、十四世紀になると、寡婦やその他の不運な者たちは、シュヴァルツヴァルトの天然鉱泉のようなところで湯治をするように処方された。ここで愉快に羽目をはずし、道徳などすっかり無視して健康の回復に専念する。そして回復した暁には、体液が健康なものと入れ替わったおかげだと見なされた。だが梅毒がはやりだすと、この種の療法はおこなわれなくなる。

十九世紀に磁気と電気の関係が明らかになると、これを利用した治療法が、気分を晴れやかにする目的で開発された。最初のバイブレータは医者が用いる医療機器だったのだが、機嫌をそこねた婦人たちの下半身を満足させるのに役立つだけであった。しかも磁気に詳しいにせ医者に、自分は磁石で太陽を固定したので、それ以来太陽がよく輝くようになったと言われてしまうと、それに反論することなど、ほとんど誰もできなくなってしまうのだった。これとの関連で面白いのは、ロンドン出身のドクトル・グレアムの「天国のベッド」で、ペアに「非の打ちどころのないほど美しい子供が授かる」といううたい文句だった。この「天国のベッド」は、にせ医者が人情を解する高い能力の持ち主であることの証しととることもできるかもしれない。粗悪な医者たちには、この才能がどうやら欠如しているようである。磁気の流れとされるものに合わせて置かれたベッドで、ペアはやましい気持ちを抱くことなく愛し合うことができた。このベッドは東洋の雰囲気をかもし出し、香料が五感を惑わす。さらに催淫効果を高める食事が出される。だがそれは付随現象にすぎなかった。

医学研究の改革によって、最終的には実践が理論と結び付き、また薬剤師の優れた育成もおこなわれたために、にせ医者は自由に活動する余地を奪われた。だが今でもなお、彼らはそこここに姿を現す。こうしている間にも、特にインターネットを用いて、新たな顧客を掘り起こす通信販売という手法で。

にせ医者は死滅したと言われる。本当にそうなのだろうか。

17 気送郵便局員

Rohrpostbeamtin

気送郵便物の送達を監視する女性局員

特　徴：清潔な服装
活躍期：1863年、気送郵便が先ずイングランドで導入されてから、1984年にパリで最後の気送郵便物が配送されるまで。ただし、企業の気送管装置は今日なお稼働している

挿　絵：20世紀初頭のベルリン、あるいは他の首都の中央郵便局で働く気送郵便局女性局員の熱心な仕事ぶり
背　景：1873年のベルリン気送郵便配管地図および気送郵便のオリジナル封筒

『タイム・マガジン』一九八四年四月三十日。「さようなら、プネ――悪いニュースが最近パリから届いた。パリで気送速達《カルト・プネマティク》はがきが廃止された。一般には〈プネ〉の愛称で知られ、ナポレオン三世皇帝の時代にさかのぼることができる。若き日をパリで過ごしたことがなく、〈プネ〉について何の知識もない読者には、こう申し上げよう。それは灰青色の紙に印刷された郵便で、二百六十九マイル（約四百三十キロ）に及ぶ気送管網を通って送られ、配達人により自転車で届けられた、と。プネは通常の手紙より早く届き（所要時間は二時間）、また電報よりも安い（一・八〇米ドル）。つまりセーヌ河左岸《リーヴ・ゴーシェ》の、ホテルの部屋に電話がまだほとんど設置されていない地区で、情報交換を楽しむための理想的な手段であった。プネを通して人びとは、誰が新しい仕事を見つけたとか、交渉決裂の危機を乗り越えて申し合わせが成立した、あるいは破棄されたとか、といったことを知ったのだった。〈今日は夕食に伺えないが、水曜日はどうかね〉という具合に[123]」。

ほぼ百年余りにわたり、気送郵便はパリ、ロンドン、リオデジャネイロ、そしてその他の世界の多くの首都の地下をびゅんびゅんと飛び回った。最初の「気送郵便速達」は一八六三年にロンドンで気送管を通して発送され、最後の郵便は一九八四年に、パリで気送管網から配達された。気送管を用いた郵便は地域をカヴァーするコミュニケーションの媒体として、まだ皇帝や国王がヨーロッパを統治していた世界に創設された。ジュール・ヴェルヌが月旅行について書き、産業革命を無視することがもうできなくなった時代である。機械が商品を生産したが、機械は心臓の鼓動に合わせることなく、伸ばしたり巻き取ったりしながら稼働するために、それを操作したり、そこから造られたものを販売する人びとの生活も、もっと正確にリズムをとらなければならなくなっていた。

交通信号が導入される以前の時代であり、道は馬車で渋滞していた。自転車はまだ馬車に代る乗り物ではなかった。それにもかかわらず、情報はこれまでにもまして迅速に伝達されなければならなかった。もちろん打電することもできたけれど、電報だって電報局の職員が、混みあった交通の中を配達しなければならなかった。こうして生まれたのが、地下に管を配していくつかの郵便局を結び、それを通して、情報を詰めこんだ小箱を圧縮空気を用いて往来させるというアイディアだった。ベルリン最初の気送管が、ハッケシャー・マルクトにある証券取引所とフランス通りの中央電報局とを結んだのはまったくの偶然ではない。お金が新たな道を切り開く。他の区間もこれに続き、最盛期にはベルリンの全区間が四百五十キロメートルを超える気送管で結ばれていた。放射型に張りめぐらされた気送管網の中を、どの区間の管も中央電報局に向い、そこから小さな箱がこの上なく短時間で先へと送られるのだった。一八八六年、この気送郵便の十周年を記念して帝国郵便局は次のように記している。

「この間に、大都市の郵便にとって当面なくてはならないものとなったこの送達手段は、ほとんど予知することができなかったほどに、大衆の側からの利用がますます盛んになった」[124]。百万以上の郵便物がこの年には気送郵便によって配達されている。一九三八年には七百万をはるかに超えるはがき、電報、封書、そして小包が、ベルリンの九十以上の気送郵便局を駆け抜けた。努力目標は、どんな情報も一時間以内に受取人に届けることであり、これは私たちが、アメリカの外交官アーサー・オショーネシーが米国郵政省に宛てた一九〇八年の報告書から引用することができるように、うまく機能している。

「二つの局の間が最も遠いのは三キロを超える。この距離を輸送し切るのに、公式には四分十九秒を要する。…気送郵便で手紙を運ぶことができる最長距離は、中央電報局とシャルロッテンブルクにある一局とを結ぶ路線で、九キロである。ここを行く間に手紙は六つの中間局で気送管を変更しなければならない。この距離に要する公式の走行時間は、気送管の変更に要する時間を含めなければ、九分である。…私は一時間半以内に返事をもらったことが何度もある」[125]。

在米のアメリカ調査委員会も、以下のことを認めている。

「気送郵便は大都市における書簡類の迅速な輸送にとり、非常に重要な補助手段である。他の輸送システムでは同程度の達成が不可能なノルマを、気送郵便はなしとげることができる」[126]。

気送郵便がどれほど当り前のように利用されたか──ミュンヘンを生活圏としていた当時の若い女性の回想記からそれを知ることができる。

「朝からママと喧嘩して、その後でミュンヘン行の列車に間に合うように、七時にファザーネリー北駅へと急ぐのですが、そんな時にはいつも、乗り遅れた二人の客が私の目の前にいるのが見えました。つまりママとグランド・ママとが悲しそうな、運が悪かったという顔をして。これは私には耐えられないことでした。中央駅に着くと私はすぐに菓子店に駆けこみ、そこでささやかなものを買って、気送郵便で家に送るのでした。これは二時間ほどで届きます。そうしてからやっと私はホッと息をついて、バーラー通りでの仕事に専念することができました[127]」。

カフカについては、プラハからの気送郵便による往復書簡がよく知られるところである。伝達媒体《メディア》が迅速であれば、言語が持つそれ以外の様々な可能性に、人びとは目をつぶった。手紙はもうしばらく前から、型どおりに書く必要はなくなっていた。「明日、コーヒーを飲みに君のところに寄せてもらう」のように、なぐり書きのメモで充分なのだ。恋愛生活もまた技術革新によって変った。このころ街角でうたわれた歌からも明らかなように。

愛しい人は　はるかな彼方に
それなのに　君は願う
傍《そば》にいてねと
気送はがきを　書くがよい
来てほしい　私を待っていてほしいと
シュテファンが　それを　息を切らして届けてくれる

シュテファンとは、当時の郵便局総裁である。

この大衆化するテクノロジーという事象が日常的になった理由は、気送郵便の料金が通常の配達に比べて、さほど高額ではなかったことによる。割増金が十五ペニヒ加算されるだけだった。上級貴族はこのメディアを無料で利用することができた。この階層《カースト》の代表はまだ多くが政治にたずさわっており、彼らの情報はいつも衝撃的だった。

ドイツでは気送郵便用の小箱は直径六・五センチの円筒ケースに納められ、十個まで小さな列を作って発送されたが、イギリスでは当初、勇敢な人びとが乗りこむことのできる本物の馬車を使った。エーリヒ・ケストナーは児童文学の古典『エーミールと探偵たち』で、この現象について語っている。

「君、ベルリンのことはもう知ってるの」

「いや」

「じゃあ、びっくりするだろうな。ベルリンには最近、百階建の高い建物があってね、屋根を天に縛り付けなけりゃならなかったのさ、風に吹き飛ばされないようにネ。…誰かが特に急ぐ時や、他の町に行きたい時には、その人を郵便局で急いで箱に詰めて、その箱を管に入れるんだ。

そして気送郵便みたいに、その人が行きたがっている町の郵便局まで送ってもらうのさ」[128]。

第一次世界大戦が始まるまでは、電報局や気送郵便局での仕事は厳密に男性向けの業務であった。唯一例外だったのは電話交換手の仕事で、これには一八九〇年以降、十八歳から三十歳の女性を雇用することが認められていた。ささやくような女性の声が「おつなぎします」と言うほうが、同じ台詞をプロイセン的な命令口調の男の声で聞くよりずっと嬉しいなどとは、聞き捨てならないのだが。だが遅くとも戦争の勃発後は、女性が増員されて、気送郵便窓口に配置されることになった。

「女性用の職務服は、この時代には長い黒のスカートに、体にぴったりしたハイネックの藍色のブラウスで、これは目の詰んだ生地で仕立てられ、長袖で金色に光る金属ボタンが付いていた。スカートを、アルパカ地製の大きな黒い前掛けがほぼすっかりおおっていた。このほかに職場に入る前には、外履きの靴を、いわゆる業務用スリッパに履きかえることが義務づけられていた。こうした規則の遵守には細心の注意が払われた」[129]。

後に四十年代になると、この女性たちはコミュニケーションの方面では同性の最も優れた代表的存在になっていた。彼女たちは自信を持ち、責任ある仕事が好きだった。一般的にはコミュニケーションの分野に女性を配置したことが、女性解放に寄与したと理解されている。外国語を習得する理由も急浮上した。つまり単に親切なコミュニケーションだけが目的なのではなく、専門分野に関する母国語能力も必要だった。女性は生きのびるために、もう結婚に頼らなくてもよかった。それにこれは、身体を壊すことのない清潔な仕事だったのである。

同僚の男性に比べると、女性の方がかなり給与は低かったが、まさにそれなりに協力することを求められた。女性局員は、まず実地と理論のテストを受けなければならなかった。そのひとつが、当然のことではあるが、気送郵便の規則に関する知識であったが、これは職務内容を理由に、各種の消印やステッカーの知識へと矮小化されていった。通常の気送書簡はもちろんだが、ベルリンにだけは、気送管で送られた後、郵便局から直接駅に持ちこみ、国有鉄道で各地へ運ばれる手紙もあった。一九二五年からはテンペルホーフ空港に直行する気送管も配備され、手紙はそこから航空便で全世界に送られた。気送郵便物には、速達配達人が届けるものとそうでないものとがあった。また、十分ごとに新たな消印を手紙に押す局があったが、もっと早いところでは、五分ごとに消印が改められるのだった。

女性の局員たちは、事故があった時にはどうすべきか知っていなければならなかったし、またその内容も、スタンプを使って改めて詳しく表示しなければならなかった。たとえば手紙が汚れてしまった時には、どの気送管でそうなったのか、マークするのだった。しかも手書きで記入する欄もあって、そんなケースでは、証人の名前まで書き入れるのである。料金不足があれば算出しなければならなかったし、手紙を誤配した時には、だれが受け取ったのか突きとめなければならなかった。列車の発車時刻を知っておくことも重要だった。いつ、どの列車がどこの駅からどの町に向けて出発するのか。ミュンヘン宛の「ベルリン市内気送郵便」書簡は、ライプツィヒ行きの列車に載せた方がよいのか、それともミュンヘン行の列車が来るのを待つべきなのか。でもそれはそれとして、女性局員たちは気送郵便装置のスイッチの扱いに充分な心得が要求された。指先の感覚でいくつかの操作をしなければならなかったからである。だが郵便物が気送管の中でストップしてしまうと、すぐに技師たちが緊急に招集され、故障が復旧するまでは、その区間は速達配達人がかり出されるのだった。

　気送郵便に投函されたものは常に損傷することなく運ばれ、また紛失することはほぼなかった。こうした理由から、気送郵便が秘密文書や金銭の送達のために利用されることもたびたびあった。第二次世界大戦後、まさに西ベルリンでは、郵便為替が気送郵便で送られたのだった。そしてまた、かつて気送郵便局員だった女性が回想するように、他の物も…。

「電報や内輪の物ばかりが気送管の中を、風のように飛んで行ったわけではありません。時にはささやかな贈り物が、町のもう一方の外れに住む同僚のために運ばれたこともありました。忘れ物のオープンサンドが、もちろん〈容れ物に合わせて〉ばらばらになり郵便物に混っていたということも聞いています。こんなことは誰も知ってはいけないのですけれど。あまり好きでない同僚の女性に、いたずら好きの男性が生きた鼠を容器に入れて送ったこともありました[130]」。

　時間を区切ってせき立てられたのは、気送管を走る郵便物の列ごとの間隔だけではなかった。休憩時間も同様だった。ある男性職員はこう報告している。

「休憩時間はそもそも簡単に説明できる問題ではなかった。二十五分間は休憩をとることが認められたが、一秒長くてもいけなかった。席を立つ者はそなえ付けのノートに名前と時刻を記入しなければならなかった。「離席簿」と職務上は呼んでいたが、俗な言い方では少し違った。この件はごまかすことなんてできっこなかった。席を立つ者と席に戻る者との利害が、当然のことだが、相反する性格のものだからだ。監督官がそばに立って記入事項を監視することもたびたびで、しかも次の行に職務時間まで書きこんでしまうものだから、遅れて戻った者が時刻を少しでも都合よくごまかすことができないのだった。当時食堂は地階にあって、小さく、そのぶん煙に燻されていた。そこでたいていの者は、きびしく禁止されていたにもかかわらず、あまり遠くないところにある更衣室で、持参した半リットルの酒《ヤツ》を飲みたがるのだった[131]」。

二十世紀の後半になって、気送郵便のある都市がなぜ相次いでこのシステムを縮小する決定をしたのか――このことは電子メディアの発達と関連している。気送管郵便システムは今ではもう内輪で、デパートや病院、あるいはオリジナルの文書をあちこちに送らなければならない出版社に残っているにすぎない。一九六五年にウィーンで最後の郵便物が気送システムに投入された時に、局員たちは器械に小枝と紅白の旗とを飾った。あるインタヴューで、近代的な気送郵便装置の技士がこう告白している。

「人生で一度でも、気送郵便管の曲線《カーヴ》に触れた者は、もう二度とそこから離れることはできない」[132]。

ベルリンのオラーニエン通りにある中央電報郵便局の地下室に残されるように、奇妙な感を抱かせる管が完璧なカーヴを描いて地下に消えるのを見たことがなければ、かつて気送郵便のようなシステムが実際にあったことを信じる者はひとりもいないであろう。

18 博労《ばくろう》

Rosstäuscher

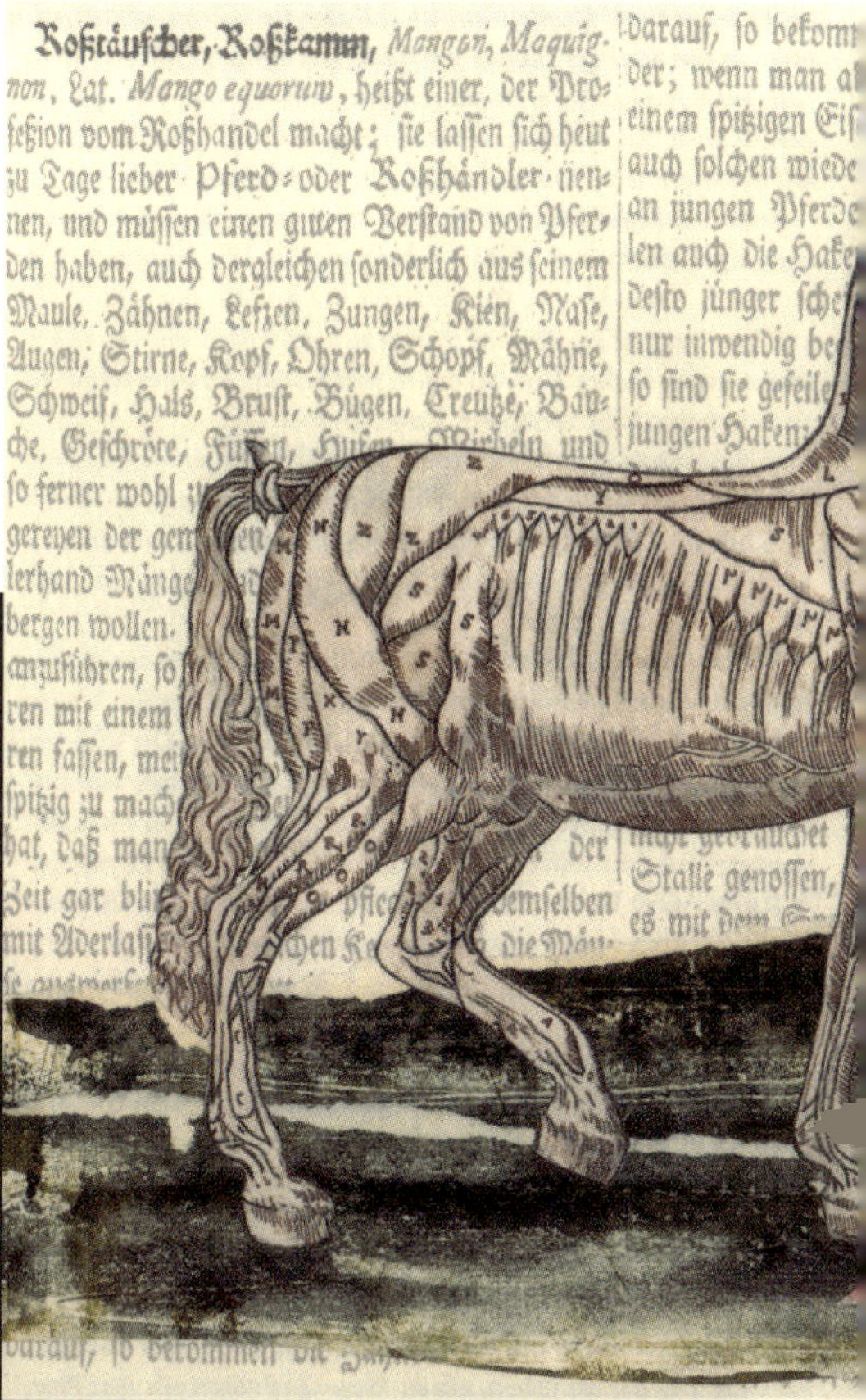

馬を実物よりも優れているように説明し、あるいは必要に応じて実際よりもみすぼらしく見せかけるために、いかなる手段をとることも憚《はばか》らない馬商人

特　徴：巧みな話術
活躍期：20世紀初頭まで

挿　絵：普通の農耕馬を高級馬に見せかけようとする博労
背　景：事典の項目「博労Rosstäuscher, Rosskamm, Mangori, Maquignon, [ラテン語]Mango equorum　馬の売買を生業とする者、今日ではむしろ馬商人、馬匹商と呼ばれ、馬について充分な理解を必要とし、またこの動物を特に、口や歯、唇、舌、顎、鼻、目、額、頭部、耳、前髪と鬣《たてがみ》、尾、首、胸、肩、腰および腹、陰嚢、足、蹄、椎骨等からも充分に判断できなければならない」

『博労たちの秘密の技巧《わざ》』と、一八二二年に出版された本のタイトルはうたい、「馬商人の商いの利点と馬を美しく見せかける技巧《わざ》のすべて―そのあばかれた秘密」を公開してみせる。デッサウ出身のアブラハム・モルトゲンスという、ドイツで最も知られた馬商人のひとりによって収集され、後年彼が亡くなってから、「S・v・テッカー、ザクセン王国騎兵隊少佐、輜重《しちょう》大隊長、主馬頭《しゅめのかみ》兼馬医長、ザクセン王国文民功労勲章騎士、他　多数の学会会員」とやらによって執筆されたものである。このフォン・テッカーなる男、なかなか印象的なのだ。百ページを超えるこの本はタイトル通りの内容で、アクチュアルな記述が数々あるため、私たち読者は不思議な気持ちで自問せざるをえないほどなのである。今日では馬に代って車を買うけれども、それ以外はこの世界でもまったく何も変わってないじゃないか、と。なぜって、当時馬の売買の際に使われたトリックの多くは、今では自動車販売の様子を見ればわかるからである。馬も車も、売りこむ時の自慢は必ず馬力だったのだ。

秘密が明かされるのは、どんな手段で馬の見栄えを良くしたり、どう体調を上向きに調整すればより立派に見せられるかとか、馬という商品を如何にプレゼンしたらよいか、あるいはまた買い手の心理を左右するにはどうすべきか、といった点である。今日の自動車商であれば、およそ二百年前のこの入門書のテッカー氏のように、厳密に販売戦略を記述するなどありえないであろう。

　博労《プフェルト・トイシャー》という概念は、ドイツ文学ではくり返しネガティヴな存在として登場する。そこでこの博労本の著者たちはまず「（馬）詐欺師《プフェルト・トイシャー》」という語が、負荷をかけられた語であると断言する。とはいえ、博労は自分の商品を相手のもとに届けるだけのために、商売上のいくばくかの利益を注ぎこむものなのだ、と。

「さあ、馬商人何某をご覧あれ。彼は某々氏をごく当たり前のやり口でペテンにかけて、買値の半分の価値しかない馬を売りつけた。けれども私は、一体どちらがペテンにかけたのか、かけられたのか、疑問に思う。買い手が自分自身を騙したのではないのか。彼はまったく知りもわかってもいない馬の売買という仕事なのに、自分には充分な知識と経験があると思いこんでいるのだから。それともペテン師は馬商人の方なのか。たまたま騒音の最中などを狙って買い手に馬を見せるやり方で、自分にはまったくかかわりのないこうした外的な状況を、もっぱら自己の利益のために利用する術を心得ているくらいなのだから」[133]。

　博労が思いついた利得は、今日、自動車販売でおこなわれるように無害というわけではない。年のいった馬ならば、歯を研いで短くしたり抜いたりするし、そうでない馬の場合には目の上の脂肪を除去し、毛を染めたりもした。尾は好んで高く持ち上がっているように装った。すなわち、尾を下げておく筋を切断し、英国の純血種の流行に合わせて、尾が突き出るようにしたのであった。鬣《たてがみ》を抜いたり、耳がよく聞こえるように耳の毛を刈りとったりし、また軽快な歩き方ができるように蹄鉄を剥がしたりした（この場合注意しなければならないのだが、売買交渉の際に砂上を騎行してみせなければならない。硬い地面ではせっかくの軽快な足どりがまたもや危うくなりかねなかった）。——そしてとても重要なのが、馬に胡椒を与えることであった。

「胡椒は馬の売買に欠かせない真のエキスである。老いた馬を若返らせ、動作の緩慢な馬なら悍馬《かんば》に、愚かな馬は利口に、反抗的な馬ならおとなしくさせ、不精な馬を敏捷にし、鈍重な馬なら軽快な馬に変える。そして姿も胴も動きも、一言でいえば、馬一頭をまるまる、ほとんど考えられないような、目立ったやり方で別の馬に変えてしまうのだ…。それゆえ、どんな馬でも、馬商人の馬小屋を出る前に胡椒の実を何粒か、あるいは丸薬にしたものを——この方がもっとよいのだが——与えておかなければならない。これは馬丁が手品師のやり方に倣って、こっそりと馬の肛門に押しこんでおく。以上でいわゆる馬の化粧、馬の磨き上げが完成する」[134]。

要するに博労たるもの、元の持ち主でさえ見分けることができないほどまでに馬を仕立て上げることができたのである。馬の見かけを変えることは、と博労たちの聖書《バイブル》の著者は言うのだ、男を釣り上げようと企てる、年頃を過ぎた未婚の女の手管に比することができる、と。それに女性なら、若造りをして騙したといって、叫びまわる者はいないだろう。

それはそうとして、もし盗んだ馬が厩舎にいて、警察がこれを捜している恐れがある時には、博労には高級な騎乗用の馬を安っぽい駄馬に変えるという課題が生じる。博労は馬の毛をもつれさせ、蹄に釘を打ちこみ、またその他ありとあらゆるトリックを思案しなければならない。

馬の売買の際に大事なのは、馬を見せることだった。一番よいのは馬を白壁の前に立たせることで、そこならば馬はそれだけでよりいっそう高級に見えるかもしれない。美しい馬ならばもっと前に立たせ、あまりよくない馬であれば、ずっと後ろに立たせなければならない。馬小屋の中ならば、照明を惜しんではならない、と助言する。そして最後には、粗末な馬ならば、おおいの下に隠しておくのが得策である。そうすれば買い手の好奇心をよりいっそうあおって、おおいの下には特に上等な馬が隠れているのだ、と思いこむからである。

博労はまた「一般的に人情の機微を理解する力、人生のさまざまな付き合い、そして賢いふるまい方[135]」を身につけなければならなかった。その理由は「人間は若い時から高齢になるまで、いついかなる時も変わることはない。馬を選ぶ時も、遊びや女性を選ぶのと同様に、大いに我儘《わがまま》や偏見を表に現すことが多い」のだから[136]。

つまり重要なのは、売買交渉の際に買い手がどんな馬を捜しているのかを探り当て、まさにその特質を馬から引き出して見せるように騎乗担当者にこっそり合図をすることであった。騎乗してみせる者は決して騎兵であってはならない。たとえ連隊一の乗り手であっても、である。そんな乗り手だと、騎乗してみせる時に、馬そのものでなく、まさに自分の乗馬姿を見せることしかできないからだ、という。

けれどもお世辞もまた、売りこみ戦略のひとつに挙げることができる。獣医や教授たちは自らを賢い部類に格付けしており、馬に関しても理論的なことは数多く知っている。だが具体的なことになるとほとんど知識がないものだから、博労たちが「ご理解なさっておいでのことを、私どももほんのちょっとでも存じておればよいのですが」といった殺し文句でも言おうものなら、簡単に好きなように操ることができるというものである。

博労たちのトリックは、時には役者を雇うところまでいくこともある。「突然見知らぬ紳士がつかつかとやって来て、同じ馬を矯《た》めつ眇《すが》めつしながらじっと見、お供の者に小声で、だが本来の買い手には聞こえるくらいの声で、自分はこの馬がことのほか気に入った、馬の姿勢、動作、形など、全くすばらしい、自分ならどんな値段でもこれは逃したくない、とつぶやくのである」[137]。こうしたペテンもまた売買契約を素早く結ぶ手助けになるし、また博労たちの誰かが、これがトリックだと気づくことも決してないだろう。大事なのはただ、取引が有利に進むことだけであった。完璧ならば、それが正しかったというわけだ。買い手の方が賢ければ、こんなことはすべて見抜くことができたはずである。

ところでもし顧客が購入後に文句を言って来たなら、どうしたらよいだろうか。厩舎長さえ、この馬はどうもあの時のに似ていないと言っているとしたら、どうしようか。そんな時にはこう答えることができた―馬商人のところにいる時には磨き上げて清潔に飼育していたのに、厩舎長が手を抜いたからだ、と。

19 砂売り

Sandmann

砂を採掘し、それを室内清掃用に販売する日銭かせぎの労働者

特　徴：消耗性疾患に罹《かか》っており、目が赤い。砂を詰めた袋を車に載せて売り歩く

活躍期：1740年頃、市民が室内を清潔に保つ必要性に目覚めて以降、1920年頃まで。より強力な洗浄剤の出現により、この職業は終焉を迎える

挿　絵：家族で床掃除用の砂を採掘する砂掘り

背　景：ドイツ初の通販カタログ、シュトゥーケンブロク通販カタログ社の提供商品「砂、石鹸、ソーダ用容器付き砂壺ホルダー。ブリキ容器にふさわしく、上品な白塗りに青のデルフト模様の装飾。長さ37センチ、高さ20センチ　一式2マルク」

注　：こうした「砂壺ホルダー」は台所の流しに取り付ける。当時はまだ洗剤はなく、磨き砂とソーダが、一般に普及した洗浄剤であった

その仕事に従事していた者でさえほとんど語ろうとしないくらい劣悪でひどい職業が、かつてはあった。ましてや、何であれそれについて書き留めることのできる立場にあった者などいようはずはない。こうした職業のひとつが砂売りであった。

「私はまだ存命している砂売りの老人から、それがどれほど辛い人生だったか、聞かせてもらった。それゆえ、こうした人たちが〈採掘用の砂穴〉のことを話したがらなくても、その理由はよくわかる」。

このように、前世紀の二〇年代にテューリンゲン地方のヴァルドルフ出身の教師ラウシェルトは、「砂兎の日常の生態」について、もっと多くのことを知ろうとした時のことを記している。砂売りの男、女、そして子供も、砂を掘り崩し、叩くかあるいは碾《ひ》いて細かくし、街中で「室内清掃用の砂」として売る日銭かせぎである。つまり、まだ百年もたたないころまで、土曜日になると人びとは部屋を拭いて清潔にし、床に細かい砂をまき、その日の残りはそれを避けて歩き、夕方、日曜にかわる直前に砂を他の汚物と一緒に掃き出したものだった。そうすると部屋はピカピカになったのである。だが木製の大桶や乳製品を貯蔵する容器にも、いくらか粗めのを磨き砂として使った。台所には手洗い用の石鹸やソーダのほかに、磨き砂用の容器も置いてあった。

ヴァルドルフのラウシェルト先生は、そもそもこの職業に関心を寄せたわずかな人のひとりで、それもただ彼の郷里では砂売りの男女が、数世紀以上にわたって六万五千平方メートルという、畏敬の念さえ起こさせるような大きな穴を掘り、その天井を支えるために二千本を超える柱を立てたからというだけの理由からなのだが。

「つるはしや鑿《のみ》、木槌という原始的な道具を使い、砂掘りたちは少しずつ岩塊の深くへ入りこんだ。彼らは石油ランプが油煙をあげるなか、狭い通路で背をかがめたまま働いたり、歩いたりすることもたびたびだった。こうした労働条件や空腹、肉体的な緊張が原因で、多数の労働者が早死にした。砂掘りの仕事には子供たちもひどい被害をこうむった。また時には六十人から八十人が、しばしば昼夜を通して、砂岩の塊を引き剥がしてすぐに砕く作業をすることもあった。家では妻子が砂岩のかけらを叩いて砕き、砂を篩《ふるい》にかけて袋に詰めた[138]」。

地質の状態から砂の層が地表のすぐ下にある国内の他の地方では、森に入ってそこに穴を掘ればよかった。すぐに砂にたどりつけたのである。そうした地帯では、ヴュルテンベルク地方のシュテルネンフェルス村のように、砂掘りたちは厄介者扱いされた。「砂丘上にある村の共有林は時とともにすっかり掘り返され、床磨き用の砂岩は捜し尽くされた。その結果、荒れ果てた風景だけが残った」。あちらでも、またこちらでも砂を掘ることは不法とされたが、その禁止令が徹底されることはほとんどなかった。砂掘りの仕事に依存する者たちには、ほかに収入の道がなかったからで、禁止は彼らを餓死させることを意味したのである。

好まれる職業ではなかった、砂を掘って売るというこの仕事は。それゆえこの職に就くのは貧しい中でも最も貧しい者ばかりだった。自分たちの利益のために尽力する組合《ツンフト》を組織することもなかった。板張りの床をきれいに磨き上げるのと同様、砂は日銭かせぎたちの皮膚をこすって痛めつけた。目に入れば炎症を起こして真っ赤になり、ゆっくりとではあるが中断することなく、肺に蓄積された。同時代の解剖学者は、そうした臓器を解剖した感触を、「砂を切開するようだ」と表現している。

それゆえ、避けることができるものなら、人びとは砂の採掘以外の収入源を選んだ。けれども一八四五年のように、突然ジャガイモの収穫が落ちこんだ時には、一体どうしたらよかったろうか。アメリカに移住する者もあったが、それもできないならば、別の仕事をして稼がなければならなかった。砂掘りの仕事なら、家族全員を養うことができた。父親も母親も子供も砂の穴で働いた。砂は住いにストックされ、どの部屋も砂でいっぱいだった。シュヴァーベン地方ゲルトリンゲンでは、この数年の間に砂用の水車が四基設置され、シュテルネンフェルスには三十五基もあったという。水車の所有者にとって、これを賃貸しすることが儲かる仕事だとわかったのである。清潔好きなシュヴァーベンの首都シュトゥットガルトからさほど遠くなかったからなのだが、この清掃週間の本場の町では、一八六〇年だけで三百万リットルもの砂が清掃用に消費されたのだった。[139]

砂掘りは採掘した砂を自分で売りに出た。ハイルブロン地方には砂売りヤーコプのメルヘンが伝えられている。

「砂売りのヤーコプは貧しい男でした。彼の荷車はもう古くなってがたがたでしたし、老いぼれ馬のリーゼは足を引きずっているのでした。こんなふうでしたから、車を牽いてのろのろと進むだけでした。そして彼が村や町を通って大声で砂を売り歩いても、みんなは笑って言うのです、〈やあ、ヤーコプ。お前さん、もっと早起きしなけりゃあ駄目だよ。私たちは砂をもうとっくにほかの砂売りから買ってしまったよ〉と。けれどどんなに早く家を出ても、ヤーコプはいつでも他の砂売りたちに先を越されてしまうのです。彼から砂を買う人はわずかしかおらず、むしろ彼に同情してバケツに二、三杯か、あるいは二、三袋を、というありさまでしたので、ヤーコプの稼ぎでは自分の食いぶちと馬の燕麦にも足りませんでした[140]」。ずいぶんときつい仕事だったようである。

前世紀の二十年代までは、まだドイツの街々で砂売りの声を聞くことができた。

すーなぁー　砂　砂
きれいな　白い　すーなぁー
子供が　お部屋で　おもらししたら

手にひとにぎり　砂をまく
すーなぁー　砂　砂

あるいは、

砂売りが　来たよ
きれいな　白い砂だよ
子供なら　誰もが知ってる　白い砂

化学洗浄剤とリノリウムや硬材を用いた床が登場すると、床用の磨き砂は需要がとどこおり、砂売り《ザントマン》の仕事はしだいに消えていった。

今日、私たちは「ザントマン」を、毎晩テレビの前に子供たちを惹きつけるカッコいいキャラクターとして知っている。だが、これにはそれなりの理由がある。すべてはいくらかゾッとする始まり方である。E・T・A・ホフマン［一七七六—一八二二、短編小説「砂男」の作者］を触発して、子供たちの眼球をえぐり取る不気味な妖怪を創造させたのが、消耗性の疾患をわずらう、真っ赤な目をした砂売り《ザントマン》だった。夕方、子供たちが眠い目をこするのは、悪い砂男のせいだというのである。

人の悩みがよくわかるハンス・クリスティアン・アンデルセンは、この物語を上首尾に終らせている。彼のメルヘンでは、砂男《ザントマン》は毎晩甘いミルクを持ってやって来て、子供たちの目を湿らせてくれる。ここまで来れば、よい夢を見させてくれる砂をまく砂男の登場まで、もう間近である。そう言えばこの砂男、初めは東ドイツのテレビに登場したのだった。結局のところ、「ザントマン」はまさにプロレタリアの代表だったのだ。

20 刑吏

Scharfrichter

（別称　処刑役人、拷問吏、死刑執行人、絞首刑吏、皮剥ぎ、他）

16世紀後半までは法の委託を受けて拷問をおこない、刑を執行した。その他にも社会で生じるさまざまの不快な問題、たとえば死んだ馬の皮剥ぎ、癩病患者の追い立て、野犬の捕獲、動物の去勢、文書の焼却、下水溝および牢獄の清掃、絞首台の建設、娼婦たちの監視などにも気を配らねばならなかった。

16世紀後半になると、斬首刑吏、絞首刑吏および皮剥ぎ人に区分される

特　徴：都市郊外に住み、すぐに刑吏と分かる服装の着用が義務づけられ、人びとから避けられた
活躍期：13世紀から、死刑が廃止された国では20世紀まで、それ以外の国では今日も

挿　絵：ただひと打ちで罪人の首をうまく斬りおとした、剣を手にする刑吏
背　景：レムゴの町（ドイツ、ヴェストファーレン地方の都市）の刑吏ヨーハン・ハインリヒ・エルンスト・クラウゼン（1763―1842?）による、火刑用の薪の積み方の説明書

斬首刑が執行される場に居合わせる者には、誰にも増して、健康上の充分な理由があった。だが、よい理由があってのことではない。たとえば、珍しいもの見たさ、といったようなことではなかった。

一八〇三年十一月二十一日、ヨーハン・ビュクラー——否、むしろシンダーハネスという盗賊名の方が知られているのだが——が、彼のほかに十九人からなる一団とともにライン河岸で処刑された時には、刑場のまわりに癲癇《てんかん》患者が押し寄せた。彼らは、首を刎ねられた者たちの血でカップを満たし、それを飲んだのである[141]。この時代にはまだ、斬首されたばかりの者の血が「くっち」、つまり癲癇に効くと思われていた。結局そこには、早目に最後の時を迎えざるをえなかった者の生命の液が、まだふつふつと音を立てていたのである。一八一二年にマンハイムでオーデンヴァルト［ライン中流域右岸に広がるマイン川に挟まれた地域］の四人の盗賊が処刑された際にも、刑吏の下役は何度もカップに血をいっぱいに満たしては、それを集まった癲癇患者たちに返してやるのだった[142]。

珍しいもの見たさのケースでは、ロンドンで刑の執行を見に四万もの群衆が集まったし、バイエルンではそうした機会には特別に「首括りソーセージ」を焼いた。カサノヴァでさえこうした好機を逃そうとしなかった。パリで四つ裂きの刑が執行された時に、彼は刑場が見わたせる部屋を借りている。彼の社交仲間の婦人たちは感銘を受けた様子だった。

この、身の毛もよだつ大事件では、刑吏が被告人と一緒になって主役を演じた。しかも両者の間で形式に則って交わされるやり取りは芝居がかっており、この上なく綿密に書き留められたのだった。


「お許し願いたい、私はこうせざるをえないのだ。本当に残念だが」

「あなたが命じられている通りのことをなさっていただきたい」[143]

刑の執行がいつでもこのようにおどけておこなわれるわけではなかった。死刑の判決を下された者が抵抗することは多々あった。そうしたいざこざの際に鼻を食いちぎられた刑吏もいた。多くの刑吏はそうした状況に耐えることができるように、あらかじめ一杯きこし召して、気合を入れざるをえなかった。大体のところ処刑の時には、女性の方が男たちよりも扱いにくかった。彼女たちは自分の運命を甘受しようとせずに、最後の一瞬まで泣きわめいたり、悪口を叩いたりするのだった。これをたいていの刑吏は不快に思ったものである[144]。

刑吏について初めて言及したのはアウクスブルクの都市法で、一二七六年のことである。それ以前には、刑吏という「職業」は存在しなかった。厳しい刑がふさわしい時には、共同体がそれを執行しなければならなかった。フランク族の女性が強姦された時には、罪人の心臓にあてがった槍の穂先を、最初に槌で三度叩いたのが、当の女性だった。皇帝赤髯王《バルバロッサ》［神聖ローマ皇帝フリードリヒ一世、在位一一五二—九〇］は、十二人の盗賊一味のうち十一人を、十二人目の男の手で処刑させたし、またドイツの多くの地方では、処刑の大役がわりふられるのは、共同体内の一番若い既婚の男性だった。だが十三世紀になると、法の執行人としての刑吏が登場する。人びとが自分の手を汚してまでやりたくないことを、代りにやってくれる存在として。「ザクセン法鑑《シュピーゲル》」［中世ドイツの主要な法典］を信用するなら、初期の職業処刑人は名家の出であった。

「その者は罪に問われることなく人びとを拷問にかけ、殺すことができる。それにも増してその者は、罪人を彼が犯した罪故に罰することにより、神のみ業をなすのである。そうすることで神の怒りが鎮められる。汝、廷吏、あるいは刑吏よ、汝はこの行為をなすことにより、その名を得ている故、これを充分に念頭に置き、公正であれ。さすれば汝は聖なる者と呼ばれるであろう[145]」。

こうした事情はいつまでも続いたわけではなかった。とりわけ刑吏は自分で生活費を賄わねばならず、そのために実際には神に結びつくことのまったくない他の仕事も、いくつも引き受けざるをえなかったからである。この点に中世が孕《はら》む、この上なく暗い側面が現れてくる。

癩病患者や流行病にかかった者たちを町の外に追い立てたのは誰だったのか。動物の死骸を拾い集め、それを牧草地に埋めるのは誰の仕事だったろうか。誰が年に一度あちこちの小路を歩きまわり、野犬や飼い主のない豚を残らず屠殺したのか。馬や牛の去勢は誰がやらなければならなかったのだろうか。また、魔術の本を燃やすだけの勇気が誰にあっただろうか。自殺者を自宅から遠ざけるのは、誰がやらなければならなかったのか。獄舎を掃除し、そこで露命をつないでいる者たちの糞便を片づけるのは誰の仕事だっただろうか。絞首台を建てるのは誰だったのか。誰がちゃんとした火刑用の薪の山を造ることができただろうか。「残酷きわまりない尋問」、つまり拷問を実行し、それが相次いだために犠牲者が死んでしまうことのないようにしながら、幾日も拷問を長引かせることなど、他の誰にできただろう。

刑吏には不気味なオーラが取り巻いていたために、人びとは彼を避けた。刑吏に触れたことが忌まわしい結果をもたらすこともあった。たとえばバーゼルでは、ある手工業職人が刑吏と酒を酌み交わしたことを理由に、同職組合《ツンフト》から追放された[146]。ヴィンタートゥール〔スイスの都市〕の旅館の亭主は、四頭立ての馬車を川から引き揚げるのを手伝った際に、刑吏と同じ綱を引いたことから、財産を失っている[147]。このような理由から、刑吏たちは都市の外に居住しなければならなかった。そしてまた同業者仲間でしか婚姻を結ぶことが許されなかったし、刑吏としての職も息子たちに継がせたのだった。

「ドイツではたいていがこの仕事に就く。刑吏の子供として生まれ、他のまともな職人仕事や商売をすることもならず、困ったあげくに親の職業を継がざるをえないからである[148]」。

はじめのうちはあれほど残忍に思えたにもかかわらず、仔細に眺めてみると、多くの知識と器用さが統合された、おどろくほど調和のとれた職業像が浮かび上がる。刑吏は自分で職業を選択したわけではなかった。処刑役人は、自分たちの行為が途方もないものであることを充分に承知しており、この身分にある者は、少なからず鬱病かあるいはチック症に悩まされるのだった。ある者は自らの仕事を理解し、納得しようと、綿密に日記を付けた。また洗浄強迫症にかかる者もあった。この関連で興味深いのは、刑吏たちが自分の仕事を表現する際の言葉の選び方である。「上等の結び目を作る」とは絞首刑を執行することであり、焼印を押すという語は「優美に描く」と言い換えられ、また「車輪を丁寧に扱う」とは車裂きの刑に処することを意味した[149]。

この身分の者の多くが、自分の仕事を出来る限り人道的におこなおうとした。火刑用の薪の山には、たとえば硫黄を詰めた円筒を入れておくこともあった[150]。そうしておけば、早く窒息死できるからである。誰かに車裂きの刑を執行しなければならない時には、苦しまずにすむように、直前に扼殺することもあった。「苦痛は短く、死は穏やかに、そして神のみもとで恩寵を」という言いまわしが、全般に当てはめられたわけである。

刑吏がすっかり興奮した結果「ブツェン［「一打ちで斬首し損なう」の意の隠語］」してしまう、つまり処刑に失敗することも稀ではなかった。剣で一気に頭を胴から切り落とすためには、手際がよく、それに慣れていなければならなかった。それゆえ、刑吏の子供たちは実家の裏庭で、キャベツを相手にその練習をした。またそれ以外にもさらに新たに習い覚えることもあった。歴史に名を残すユダヤ人のジュスがフランクフルトで首を刎ねられた時には新しい手法が用いられ、これを学びにははるばるやって来た処刑役人は二十人を数えた。一方インスブルックでは、刑吏バルトロメウス・プッァの息子という若者が、拷問と絞首を学ぶために二年の計画で遍歴修行に送り出され、町がそのための金を手当てしている。彼の父親は斬首に関しては非の打ちどころがなかったものの、他のことはあまり巧みではなかったからだった。

すでに中世も末になると、指示された死、すなわち処刑との関連で、官僚主義が極度に入念になっていることがはっきりわかる。たとえばフランケンハウゼン〔中部ドイツ、テューリンゲン地方の都市〕の町がある刑吏の志願者のために発行した証明書には、次のように記されている。

「此の者、生活も態度も見た目には静かで信心深く…お上には従順で遜《へりくだ》り、誰に対しても、とりわけ怪我をした患者たちに対する時は…、自分に命ぜられた、拷問を伴う諸々の刑の執行にあたっては、特に剣を手にすると…、この者には、望むらくは長くこの地に留まらんことを願いたいのであるが、…この者は自らの主張を明確に述べる術を心得、無作法あるいは粗野と思われることはない[151]」。

また、ある町は自分たちの刑吏を以下のように推奨している。

「当市の刑吏、きわめて巧みな剣さばきにより、一打ちにて斬首を果す。上々の業《わざ》也。よって当局これに満足す。かかる故、かのネーヤー、その際立てる仕事にて向後よき処刑吏たるべし[152]」。

刑吏たちは都市からわずかな報酬を得、さらに処刑や拷問による尋問をおこなうたびごとに、別に手当が支給された。処刑された者たちの衣類をもらうことが認められていたし、ベルト・ラインより下の物なら何でも自分のものにすることができた。

都市の中には自前の「ハンス親方（刑吏の通称）」を雇っていないところも多く、必要な時にはどこかから徴用しなければならなかった。そうした中でコンスタンツの刑吏が、一四七八年にルツェルンに呼ばれた。この町で網羅的な処刑を執りおこなうためであった。すなわちまず、犯罪者の身体から心臓を抉り取り、それを絞首台の下に埋めた後で首を斬りおとし、身体は四つ裂きの刑に処するというものであった。これはすべて特別な収入をあてにすることができたので、旅はこのコンスタンツの刑吏にとって、稼ぎの大きいものになるはずだった。だが彼がルツェルンに着いた時には、罪人の家族が司法当局に願い出た後であった。裁判所は寛大な措置をとったのである。すなわち、首を刎ねる「だけ」にしてしまったのである。刑吏がそれに憤慨したので、町は彼に、罪人には寛大な扱いを要求する権利があることを証明しなければならなかった。[153]

中世には、刑吏が比較的腕の立つ医者だったとは、歴史のなせるイロニーである。なぜなら、誰が彼ら以上に深く解剖学を理解していただろうか。医者は大学で理論しか学ばなかったが、刑吏たちは実践に習熟していたのである。つまり中世を通して、死んだ者の肉体を切り開くことが禁じられていたからで、その理由は、身体は蘇る時のためにできる限り無傷な、完全なままにしておかなければならなかったからである。だが刑吏ならば、場合によっては、身体を生きたまま切り開くこともあった。

どの関節が、車裂きの刑を執行する際に、特に折れやすいか。拷問をすぐにでも再開するためには、前の拷問でできた傷をどのように治したらよいか。人体の内部はどうなっているのか―こうしたことをすべて、刑吏は知っていた。そして市民には、刑吏がそうした知識を持っていることがわかっていた。そこで人びとは夜中に、他人に知られないようにして刑吏のもとを訪れ、治療してもらうのだった。後になると、町の長老たちもこれに同意せざるをえなくなった。刑吏の多くは十八世紀になると、医者や獣医になったし、パラケルスス〔一四九三―一五四一、スイスの医学者〕も、刑吏たちから学んだという。家庭内では刑吏は自分が持つあらゆる知識を息子たちに伝えたのであった。

ところで、薬品に普通に用いられる添加物も、刑吏は入手することができた。たとえば人間の脂肪は十七世紀には薬局で手に入れることができた。刑吏が用立てたのである。伝統的な諺によると、

「ひとの脂を溶かし、萎えた手足に塗るとよい。手足はすぐに生き返る」[154]。


頭蓋骨もまた、薬局が売りに出した。それを入手することは、誰にでもできることではなかった。だが、刑吏なら可能だったのである。

死の影を負わされた者ならでは―彼らは魔術に用いるいかなるものも売ることができた。死にたがっていた者の唾液、泥棒の手の親指、絞首刑にされた女の陰毛―こうした、文字通りにコンテクストを剥ぎ取られた人体の部位にはすべて、魔力がひそんでいると言われたのである。

都市が工業化され、しだいに複雑になるに伴って、刑吏の仕事にも変化が生じる。従来の職務領域が分割され、皮剥ぎ人の職がつくられた。本物の刑吏を雇う余裕は、もうどの都市にもあるわけではなく、ロンドンで十九世紀末に新たに刑吏一名を募集した時には、このポストに千二百人が志願したほどだった。

ロシアの女帝エリザベータ［在位一七四一－六二］は進歩的な思考の持ち主で、すでに一七四一年には帝国内での死刑を廃止した。もっとも後年、再度導入されるのだが。今日では死刑制度が存続している国の方が、それがない国に比べて、決して犯罪が少ないわけではない。

死刑は旧ドイツ連邦共和国［旧西ドイツ、一九四九－九〇］では一九四九年に廃止されたが、バイエルン州［同国内の州］では一九九八年にやっと、旧東ドイツでは一九八七年に、オーストリアは一九五五年に、フランスでは二〇〇七年に、スイスでは一九九二年に、そしてヴァティカン市国では二〇〇一年に廃止された。

さまざまな側面で世態人情に精通した存在としての刑吏は、ヨーロッパでは二十世紀の中頃に世界史の舞台から姿を消した。懐かしいと思う者のない職業も存在するのである。

21 輿担ぎ

Sesselträger

今日のタクシー業の前身

特　徴：無作法な言行、強靭な腕、日曜日および祝日には清潔な下着を着用
活躍期：ヨーロッパでは17世紀中葉以降、19世紀まで

挿　絵：2人で担ぐ輿に乗って町を行く婦人。後ろで担ぐ男は首に小箱を下げており、客はここに輿の料金を入れる。この箱のおかげで、客から受け取った金をすぐに飲み代にしようという気を起さずに済んだ
背　景：左は1706年頃のケルン市の命令。輿担ぎに対し、飲酒、悪口を慎み、常時清潔な服装でいるように等、ふさわしい態度で行動するよう指示する。右は「運賃表」、輿担ぎの運送業務の正確な料金表

カルト小説『水の音楽』で、T・C・ボイルは十八世紀末のロンドンの街中の様子をこう描写している。

「通りという通りはそれほどにも不快な気分を催させるので、裕福な人びとはこちらからあちらへ行くのに、馬車か輿《こし》を利用するのだった。輿は特に時と所によっては使いやすく、特権階層の人びとには快適さと安全とを保障しただけでなく、少数の腹をすかせた庶民には稼ぐチャンスを与えることにもなった。輿は、閉じられた小部屋の両側面に轅《ながえ》が取り付けてある。この轅を担《かつ》ぎ手が、ひとりは輿の前に、もう一人が後になって、両肩に担ぎあげる。担ぎ手たちは近親結婚で生まれた兎口で頭の歪んだ貧しい男たちで、何ペニーかの金をもらう。お茶に出かける婦人が、ペチコートを汚物で汚さずに、目指す店に行くことができるのだった。つまり双方に利あり、というわけである[155]」。

同様の光景はウィーンでも、マイン河畔のフランクフルトでも、ミュンヘンでも、トリノでも、ブリュッセルでも、パリやベルリンでさえ見られた。古代のエジプトや、またローマ人のもとで導入されてからは、輿は儀式の際の移動の手段として使われたにすぎない。—教皇の場合には二十世紀になっても用いられているが。それが十七世紀半ばに再度ヨーロッパの街角に現れたのだった。

輿、あるいは駕籠《かご》が今日のタクシーのように使われたのである、市域内の近距離の移動のために。しかもベルリンとライプツィヒでは輿に触発されて、当局は一六八八年に公共近距離旅客輸送ÖPNVに関する初の法規則まで導入している。

ロンドンではまだ長いこと輿に反対し、重い「箱」を担ぐことが非人道的だと見なされていたころ、他の土地ではこうした躊躇をすることはなかった。馬車に比べると、狭い道路では輿には否定できない利点があった。つまり、輿ならどこでも通り抜けることができたのである—なんといっても、誰もが知るように無作法こそが輿担ぎたちの取り柄だったのだから。一八五二年版のウィーン観光案内書の記述もこれを証明している。

「それにしても輿担ぎたちの評判は、文句のつけようがないどころではなかった。他の通行人などおかまいなし、ひどく腹をたててはぶつかり、突き飛ばす。その後で初めて、聞き取れないほどの声で〈よく見て歩きやがれ〉と毒づくありさまである。〈輿担ぎのように粗野な〉という言い回しは、彼らのギルドがとうの昔に神話になってしまっているのに、いまだに使われている。それにはそれなりにちゃんとした根拠があったわけである」[156]。

あるいは別の著作によると、「輿担ぎたちは、ふだんはとても粗野なのだそうだが、欲しがっているものを与えさえすれば、彼らくらい礼儀をわきまえた者はない」[157]という。

ミュンヘンとウィーンでは、ウィーン包囲戦〔一六八三年のトルコ軍による第二次包囲〕の後になると、トルコ人捕虜を輿担ぎ、駕籠かきに仕立てた。ベルリンではユグノーたち〔祖国を追われたユグノーの多くを新教国プロイセンが受け入れた〕を同様に扱った。ベルリンのフリードリヒ一世の判断にしたがって、「ごく貧しく、無学のあのフランス人たちには、頭脳も才能も必要としない、健康な両の腕としっかりした肉体さえあれば営業することができる、この仕事が与えられた」[158]。

輿には街中に一定の待合場所があって、いつでも空いた輿を拾うことができた―今日のタクシーの待合乗り場とほとんど同じである。担ぎ手はひと眼見ればそれとわかる服装、たいていは赤い上着を着ており、日曜と祝日には白い下着を身に着けるよう義務づけられていた。輿はきまった場所に置かれていても、担ぎ手の姿がないことも稀ではなかった。そのような時、彼らは近所の店にいて、まさに「酒手」を文字通りにつかっているのだった。

マイン河畔のフランクフルトではある一家が輿の独占権を握っていたが、他の都市では、輿は担ぎ手たちに直接賃貸しされた。また担ぎ手が雇われているところでは、彼らは鍵のかかった小箱を首に下げており、客はそこに料金を入れたのである。種々の法案で、稼ぎの一部を貧民救済院に寄付するように、との勧告がなされたこともある。夜は昼よりも料金は高くなる。冬も夏よりは高額だった。輿を丸一日、あるいは一週間借り切ることもできた。家の前で待ってもらう間は、別料金が必要だった。一般的には料金は食料品の価格と連動していた。それだけではない。担ぎ手には守秘義務が課せられており、誰をどこまで運んだか、口外してはならなかった。また外国人、下僕、病人、ユダヤ人は乗せることが禁じられていたし、家族で乗るには狭すぎた。

輿が便利であるとは、くり返し指摘されるところである。一七三七年に高級官僚だったカルル・クリスティアン・シュラムは、輿についてこの上なく詳細な調査をおこない、画期的な著作『輿――その批判とメカニズムと歴史、全世界四大陸における普及――[159]』を著している。その中で彼は書き残された最初の輿、つまり聖書のソロモン王の輿に言及している。「ソロモン王は輿をつくらせた、レバノンの木材から。柱は銀、背もたれは金、座部は紫。輿の内側は愛らしく飾られている、エルサレムの娘たちのために[160]」。

この高級官僚は確かに、柱が(金からではなく)銀から造られているにすぎないことを茶化しているのだが、後にはドイツ国内ではどんな輿なら推奨できるか、彼が語るのを聞いた者もいる。たとえば、ドレスデンでは輿は黒の革張りで、内側には青い布が張られ、鏡と青いカーテンが取り付けられていた。一方、一七六六年の「ザクセン選帝侯国警察命令」には次のように記される。

「輿は、大柄で屈強な者でもゆったりと座ることができるように、上品で乗り心地よく造られていることが必要である。輿の中に窮屈に押しこめられて座り、乗っている間じゅう窓を破ってしまうのではないかと、手足さえ動かせずにいたり、あるいは輿の天井に頭がつかえてしまうことくらい不愉快なことはないであろう。ゆったりした構造《つくり》であれば、輿をもっとひんぱんに利用したいという気になろうというものである」。

そして当の高官シュラム氏は、輿の動きがもっと緩やかになるようにするには、担ぎ手がどんな歩き方をすれば良いのか、また「前を小柄なムーア人が、後ろは大柄な男が[161]」担ぐことができるには、輿の構造をどう変えればよいかと、あれこれ考えをめぐらしている。

だが結局のところ、ベルリンの輿は一七一三年に国王フリードリヒ・ヴィルヘルム一世の執政が始まるとともに制限されてしまう。すなわち贅沢すぎると見なされたのである。一七七九年には輿をもう一度導入しようという再度の試みがスタートした。あるベルリンの典型的な「山師」が、輿は金が湧き出す泉だと思ったのだった。

「目新しいものである。新しいものは周知のように、当分の間はすぐに喝采を博す。輿も同様だった。街中のどこに行っても、同じ輿が、特別な制服を着た担ぎ手を従えて停っている。そしてはじめのうちはじっさいに大勢の人が、快適さを求めるためではなく、むしろ物珍しさからあちこち走りまわらせた。だが好奇心が満たされると、この商売はじきに行き詰ってしまい、ついには前の時と同様、あまり使われなかった何台かの輿が残されて、緊急時に使われるだけになったのだった」[162]。

22 影絵《シルエット》肖像画家

Silhouettenschneider

切り紙。
肖像を影絵で描く

特　徴： 鋏を手にし、鋭い眼差し
活躍期： およそ1770年から1790年まで

挿　絵： 左は、特に19、20世紀におこなわれた通りの、フリーハンドで切り紙細工を仕上げる影絵作家。右は、バロック時代の影絵画家。当時の典型的な影絵作成用の椅子を使い、ありのままの、科学的に正確な影絵を描くことができた
背　景： 影絵画家の道具。そのひとつ、写図器は、描き上げた影絵を正確に拡大あるいは縮小した（『ドイツにおける影絵と切り紙細工』から）

「私たちは、かつて自分の小水をそうしたように、今では自分の影を見せられる」[163]。一七七八年にゲオルク・クリストフ・リヒテンベルク［一七四二―九九、ドイツの物理学者］は鋏を用いた狂気沙汰、すなわち数年前からヨーロッパの王族や教養階級の人びとの心を虜にしている紙切りと平面芸術という馬鹿騒ぎについて、こう書き記している。影絵で肖像画を作成してその人物を暗示し、交換しあうための単なる切り紙細工ではないかと。

　まったく唐突にこの現象ははじまった。そしてワイマールとダルムシュタット［ともに中部ドイツの主要な都市］の間には、この切り紙細工の肖像を光に翳《かざ》さない貴顕はひとりもなかった。シュトゥルム・ウント・ドラング［一七七〇年代の反合理的文学思潮］、友情感、真の情感――切り紙細工はこれらを映し出す申し分のないスクリーンを提供してくれたのである。小さな絵が簡単に仕上げられたし、収集する者もあった。なにしろ何かが描かれているわけではない。見きわめたいものをすべて、この小さな影絵の中に見ることはできなかった。チューリヒの牧師ヨーハン・カスパル・ラーヴァター［一七四一―一八〇一］はこれを礼賛する書『影絵《シルエット》肖像画と切り紙の骨相学的断章』を著し、それぞれの人が――リヒテンベルクは別として――それぞれの影絵を解説しようとするところに生じる妄想をいっそうかき立てたのであった。もしかすると、こうしたことは今日では、パーティで相手の星占いの星座をやたらに訊きたがるのに似ているかもしれない。

ラーヴァターは『断章』でこう主張する。

「ひとであれ、人の顔であれ、影絵にしてしまうと、それはもう、ひとりの人について提供することができる最も弱く、最も空虚な像でしかない。だが同時に、もし照明が適切な距離に置かれ、顔がまっ平らな面に向けられている、つまりそのような面と充分に平行になっているならば、それがその人の一番本当の、一番忠実な像である」[164]。

ラーヴァターは、顔のさまざまなタイプを挙げることからはじめる。その中で最も適切に表わしているのがゲーテである。ラーヴァターは側面から見たゲーテの顔について、次のように記している。

「全体になんと大胆で毅然としており、しかも軽やかなことだろうか。そこには青年と成人した男性とがひとつに溶け合っているではないか。険しさや堅苦しさは微塵もなく、緊張しているわけでもない。そうかといって、緊張を完全に解いているのでもない、なんという穏やかさだろう。その横顔《プロフィル》の輪郭は、額の頂から首が衣服に入りこむところまで、張りつめることもなく、またなんと調和を保っていることか。そこでは理性が感情によって常にどれほど暖かく保たれているだろう――感情が理性によってどれほど明晰になっていることだろうか」[165]。

ゲーテは自分でも、あったことのある人物の影絵肖像画を集めていた。この時代には訪問しあうと、たがいに横顔《プロフィル》を描くことを誓うのだった。ゲーテのような人には、この影絵をどう思うか、そっちのはどうかと訊く者も多かった。ハノーファのある医者は妻に宛てた手紙にこう認《したた》めている。

「シュトラースブルクでは、何百もの影絵の中から君のをゲーテ氏にお見せした。彼は自ら筆をとって肖像画の下に言葉を書いてくださった。〈世界がこの魂《こころ》にどのように映るのか、すばらしい見物《みもの》だろう。彼女の魂《こころ》はありのままの世界を見ている。だが、愛情を仲立ちにして〉と[166]」。

これが流行したおよそ二十年の間、重視されたのは、ありのままの科学的で自然な像をつくることだった。そのために、たとえば影絵《シルエット》描写機とでもいった独自の機器が開発された。依頼人がランプの前にすわると、ランプの灯が彼の影をガラス板に投影する。その向う側に影絵の作成者がおり、この影の肖像を描きとるのである。影を縮小するためには写図器《パントグラフ》が使われた。これがあれば顔のどんな部分でも転写し、極小化することもできた。これだけではない。イギリスでは影絵ロボットさえ造られた。いくつもつくる時には、この絵を二重に折りたたんで切り抜くか、あるいは銅版画に仕立てた。王妃ルイーゼ［一七七六―一八一〇、プロイセン王フリードリヒ・ヴィルヘルム三世妃］は影絵細工が象眼された机で書き物をしたし、プロイセンのフリードリヒ・ヴィルヘルム二世［在位一七八六―九七］は、孔雀島（八六頁参照）に滞在する時には影絵文様のある茶器を用いた。

影絵肖像画はフランスの財務大臣ド・シルエット男爵［一七〇九―六七］にさかのぼる。彼は一七五九年に、疲弊した国庫を破綻から守る使命を負い、極端な倹約を推進した。自身は城で暮らしたが、その壁には画家の手になる肖像画は一枚もなく、影絵《シルエット》の肖像だけが掛けられていたという。それならば端金《はしたがね》ですむし、描いたものと同様に立派なものだと思ったのであった。このころパリっ子たちは、お金を入れるポケットの付いていない服を着はじめ、このモードは「シルエット風」と呼ばれた。

一七八〇年頃になると、初の影絵肖像画家《シルエット》が現れる。彼らは独自の目測に従い、相応の技量を駆使して影絵を作成したが、こうして造られたものの方が、器械製の不自然ではあっても精緻な影絵よりも、すぐに好まれるようになった。このころには影絵肖像づくりの技法は一般人の手にも届き、そこでも文字通り盛んにおこなわれた。初めのうち人びとを魅了し、解釈に多大の余地を残したのは影そのものの微小化だったのだが、今やこの特徴は逆転して、影絵では本来おぼろ気にしか判別できなかった服装を際立たせようという試みがなされる。レースで縁取りした婦人用の帽子は極端に綿密な手作業で切り抜かれ、金色の飾りが付けられた。否、本物の毛髪を影絵の肖像に貼り付けさえしたのである。ちょうどビーダーマイアー［一八一五年から四八年頃のドイツやオーストリアで盛んだった小市民的風潮］時代の、趣味のよさがまったく感じられない家族の肖像画《ポートレート》が伝えられている。だが遅くともそのころには、そうした影絵による家族の肖像画は家庭になくてはならないものになっており、上品に額に納めてソファのうしろの壁に吊るされた。だが小さな影絵肖像画のコレクションは、アルバムや装飾品、飾り缶、家系図に、またランプの傘にも張られた。

幾人もの人物を同時に描くこともはじまった。編み物や鉤針編みをする女性、遊んでいる子供たち、パイプをくゆらせる男性。ビーダーマイアーのゆったりとくつろいだ気分—小さな幸せにひたる小市民を映し出すのがこうした影絵であった。

最初の写真家は一八六〇年頃に現れて人物写真を撮ったが、影絵肖像画家は彼らとは違い、通常アトリエを持たなかった。鋏と斜面机があれば充分だった。新聞に広告を載せて、人びとの注意を引こうとする遍歴の画家も時にはいた。そのようなケースでは、広く各地を旅してまわったという「箔」が物を言った。一七九八年にパリとサンクト・ペテルブルクとの間で、「ちょっとだけ」リューベクに立ち寄った次の男のように、である。

「最近パリから来訪した芸術家。冬のあいだ当地に滞在し、最初の船でペテルブルクへ立つ予定。印章、挨拶状に最適。斬新な技法によりグラス、指輪、メダルおよび円筒形の容器に影絵肖像を彫刻、作成。止宿先、旅館〈ヴィスマール亭〉[167]」。

他の影絵画家の中には、一度でも王侯の肖像を描く機会に恵まれたことがあれば、「宮廷お抱え影絵画家」を名のる者もあった。この肩書を手に入れることのなかったものは、別のことを売りにしなければならなかった。影絵画家の需要が多かったのは軍隊で、状況に応じて軍服の微妙な違いを競いあった。こちらの部隊では特にボタンを強調し、あちらでは帽子の形を強調するといった具合で、兵たちは家に送ったり、仲間と交換することのできる絵を持っていた。

敵地にいながら　ごく軽やかに
鋏をあやつる仲間があって　いとも巧みにおれのため
こんな影絵を切り抜いて　おれたち兵を楽します

影絵画家が好まれたのは、学生組合でも同じだった。ここでもまた、熟練した画家であれば見逃してはならない、そして彩色することで引き出すことができる、ささやかな独自性が隠されていた。学生たちの組合帽が、こちらでは赤、むこうの学生組合は緑、あちらでは青に塗られるのだった。学生たちが集会を開いた部屋の写真が残されている。部屋の壁にはどこも影絵の肖像画が貼ってある。

一八九二年のベルリンの雑誌『あずまや《ガルテンラウベ》』に、こんな寄稿文が載っている。

「二十年前、ベルリンに本当に天才的な影絵作家がいた。小柄な男で、問いかけるような、同時に探るような眼差しで、ひとの顔に現れる一度しか見られない特別な表情を捉えるのだった。人びとが一日の重荷と苦労を振り払うために集まるところなら、どこでも見かけることができた。…彼は手に鋏を持ち、肖像をつくってもよいか、とよく尋ねたものだった。そして注文もされないのに近くのテーブルの〈犠牲者〉の前に座ることもたびたびあって、真の名人芸で横顔《プロフィール》を描き上げると、その作品を適当な金額で売りに出す。するとベルリン子たるもの、地元では仲間意識がとても強く、人もいいときている。そんな時には財布に手を突っ込まないわけにはいかなくなる。分相応の金を払うと、小柄な画家も―私は何度も見かけたのだけれども―それ以上に要求することはなかった。私はその時代に由来する、意外なほどよく似た、小さな絵を今でも持っている。黒い紙を切り抜いたもので、にぎわったベルリン近郊やコンサートホール、ビアホール、小劇場、そして飲み屋で過ごした時を思い出させてくれる」[169]。

ポラロイド・カメラが発明されるまで、すなわち前世紀の半ばまでは、影絵画家は歓楽街やビアホール、飲み屋をめぐり歩き、ここで知りあった人びとのために、共に過ごした束の間の思い出を残そうとするのだった。切り紙細工が仕上がるには十分もあればよかったし、芸術家の仕事を見るのも楽しい。もうだいぶ前から人びとは、できあがった横顔に解釈を加えることはしなくなっており、特に秘密のデートであれば、モデルになった人物の身元をまったく明かすことのないこの小さな紙切れを楽しむのだった。なにかの本に挟みこみ、何年もたって発見する――影絵肖像画は、古い記憶に新たな光を投げかける。

　影絵画家は、町の祭や「昔風の」特に品のよいクリスマス・マーケットでは今でもまだ見かけることができる。そんな時には、彼ら芸術家はビーダーマイアー時代の服装で現れ、マーケットのにぎわい全体によく溶けこんでいる。

　ところでもう一度、影の解釈をあんなに嫌ったゲオルク・クリストフ・リヒテンベルクに戻ろう。ドイツの最も優れた物理学者のひとりとして、あいまいな解釈は彼にはあまりにも幼稚すぎたのである。もしかすると、彼が障害者だったことも一役買っていたのかもしれない。――顔も横《プロフィール》からの姿も美しくないし、ゲーテに見られるような高貴な曲線を彼に見る者はいなかったであろう。リヒテンベルクは一七七七年に『尻尾《しっぽ》に関する断章』を著し、その中でラーヴァターの言葉を使って——そう、正確に読めば——「尻尾の骨相学」について書き、実直なラーヴァターに闘いを挑んでいる。

尻尾《しっぽ》No・8：それはどの部分を見ても力よりは思慮深さが優る。不安気にまっすぐ伸び、高いものでもいきり立っているものでもなく、ニュートンもリュトゲロート［中部ドイツの町アインベクで車刑に処せられた殺人犯、ラーヴァターは骨相学の著書で例に挙げている］も無関係、可愛らしい短い鞭——躾《しつけ》のためではなく、飾りとして——また火のように膊動することのない、マルツィパン製の柔らかい心臓《ハート》。歌はそれをこの上なく高く飛翔させ、くちづけはそれが願うすべて[170]。

23 遍歴説教師 Wanderprediger

霊的な真理を知り、旅をしながらそれを人びとに伝えて歩く男。
ポジティヴな反響があるところではしばしば「聖人」として敬われるが、通例は狂人扱いされる

特　徴：ぼろぼろの服を身にまとい、雄弁な弁舌と強烈な個性
活躍期：社会の大きな変革期やその直前、また千年紀末にも

挿　絵：集まった群衆の前で、熱心に自らの霊感を告げる雄弁な遍歴説教師
背　景：リューゲン島の浜辺での説教。1881年、風景画家ヴィルヘルム・リーフスタールによる木版画、ミュンヘン

「同時代の人びとは彼を、光り輝きながら天空を流れる流星にたとえた。だが流星は人びとのために軌道を走るわけではない。町の説教師ベルトルトの登場は、穏やかに、豊かに降りそそいで大地を和らげ、植物を祝福する雨に似ている。ほとんど神秘的ともいえる彼の出現は、預言者エリアを思い起こさせる。この上なく高きにおわします方にのみ捧げられて、彼という人物は自らの神聖な仕事の前からすっかり姿を消す。彼の務めがすべてであり、彼という人物は無なのである」[171]。

レーゲンスブルクのベルトルト［一二一〇頃―七二、ドイツ語圏最大の説教師］を称賛する贅沢すぎるほどのこの言葉は、彼の死後七百年を経て語られたのだが、これは彼以外の遍歴説教師にもほとんどそのまま当てはめることができるであろう。遍歴説教師はよく弁舌が際立っていると言われる。これが、彼らがカリスマ的に登場することと連動して大衆を感動させ、時として政治に影響を及ぼすことさえあった。というのは遍歴説教師は、社会のさまざまな不都合を指摘し、神のもとでの全き世界を熱烈に説き、黙示録に描かれた幻について語って、人びとに恐れることを教えたからだった。すべてが民衆の言葉で語られ、ラテン語を使うことは、一度もなかった。フランスの書籍『文学史』は、遍歴説教師ティロンのベルナール［一〇四六頃―一一一七、フランスの聖人］の伝記についてこう述べている。

「表現は首尾一貫しており、文体はよどみがない。悪魔はたびたび現れすぎるし、幻はすべてが現実と一致していたわけではないかもしれない。だがそれにもかかわらず、著者は自分が見たもの、あるいは疑う余地のない目撃者から聞き取ったことを書き留めたにすぎない。私たちはそう信じざるをえない」[172]。

この天職を負うたひとのうち、今日でもよく知られる最初の代表的な人びと—たとえばクサンテンのノルベルト［一〇八二頃—一一三四、北ドイツのマグデブルクの司教、聖人］あるいはザヴィニのヴィタリス［?—一一二二、フランスの説教師、修道院長］、そして始めは遍歴説教師だった仏陀やイエス、彼らの伝記はおどろくほど多くの点で似ている。彼らはそれぞれ厳しい教育を受け、隠棲して苦行を積み、その後になって説教をしようとの欲求を抱いている。彼らは遍歴の旅の途中で死ぬようなことがなければ、たとえば修道院のような、自らが築いた施設で晩年を送っている。

だが司教イヴォ［一〇四〇頃—一一一六、フランスのシャルトルの司教］が十二世紀に書簡で報告するように、なかにはあまり徳の高くない説教師もいた。

「羊の毛皮に身を包み、この上なく粗末なものを食べて生き、森や山の高みに設けた庵からやってきて、村や町、城を訪ね歩き、いたる所で説教をする苦行僧がいる。彼らの説教は、聖職者階級および修道制、すなわち高位聖職者たちに対する鋭い批判を含んでいる。彼らが特に強烈に反対しているのは、本来は聖職者階級に渡るはずである十分の一税により、多くの修道院が暮しをたてているという事実である。自分たちとは異なるすべての人びとに対して、彼らは否定的な判断を下す。そしてそれは彼らの場合、キリスト教会は彼らのもとにのみ見出すことができるという信条において頂点に達するように思われる。だが彼らの生活自体、決して非の打ちどころがないわけではない。十分の一税によってわが身を養う代りに、彼らは自分の仕事で得る収入では間に合わないとなると、盗賊や利益をむさぼる商人の手から、貧者の金をまきあげている。そう、彼らは自分たちの説教の代価を臆面もなく支払わせるのである。彼らは自分の手で金を受け取ることはしないが、そうだからと言ってそれを口実に使うことはできない。というのは彼らには、今すぐであれ、あるいは旅立った後であれ、彼らの代わりにそうしたことをやってくれる輩がいるのだから。その結果、善人と悪人とを選りわける権利をあまりにも早く手にする者は、パリサイ人になることはないが、自らも非の打ちどころのない生活を送ることはできない。…悪魔《サタン》に欺かれぬようにしなければならない。悪魔はよく、光の天使に姿を変えて現れるのだから」[173]。

遍歴説教師の中でも今日なお名を知られる者たちは、自らの説教の代価を求めることはなく、またじっさいに現物による布施のみに頼って暮らしたことで、とりわけ際立っている。イエス自身、弟子たちに、食べる物については決して問うてはならぬと、厳しく諭している。

遍歴説教師の登場は人びとの目にどう映ったのだろうか。隠者ペトルス〔十一世紀の聖ペトルス・ダミアニか〕はボロを身にまとい、裸足でラバに乗って旅をした。「彼が何を語り、何をおこなおうとも、まるでなかば神のようだと思われた」[174]。彼は会衆によく一枚の羊皮紙を示した。天からの手紙と、「説教をなすべし」との神からの直接の依頼書だという。

レーゲンスブルクのベルトルトは、招かれた時にだけ出かけて行ったという。引く手あまただったところから、スイスの町ヴィンタートゥール訪問をあえて拒んだことがある。この町が貧しい者たちへの課税を中止するよう彼は望んだのだが、町がそうしなかったので、ベルトルトもこの町に現れることはなかった。これがきっかけになって、市民が大騒ぎを起したかどうかは知られていない。どこであれ彼が現れると、説教に耳を傾けようと、農夫の畑からは下働きの者たちがいなくなるのだった。彼はしばしば市壁の外の木の下に立ち、紐に結んだ羽を宙に投げて、風が羽をどの方向に運ぶか見た。その後で周囲に集まった群衆に、こっちに並びなさい、その方が話がよく聞こえるから、と言うのだった。彼はわかりやすい言葉とわかりやすい譬えを選んで語ったので、人びとはすぐに理解した。

「最後に彼は全会衆に呼びかける。罪を免れることを願うなら、大きな声でアーメンと言いなさい、と。力強い声が大群衆から彼に向って鳴り響く。すると彼は叫んで言う、なんという声だ、確かにあなた方のアーメンという言葉は聞こえたが、そこには真実がこもっていない。神の御耳にはあなた方のアーメンは犬のほえ声としか聞こえぬぞ、と」[175]。楽園《パラダイス》の熱狂とならんで彼が関心を寄せたのは、日常のできごとであった。そこで彼はこう付け加えるのだった。

「あなた方は子供が悪いことをしないように、小枝を手にする。それを子供が怖がるからだ。あなた方は子供を杖で打ってはいけないし、また手で頭や他のどこであろうと叩いてもいけない。子供の身体が麻痺を起こしたり、頭がおかしくなったりしないようにだ」[176]。

遍歴説教師が現れるのは、社会が大きく変ろうとする時代の証しである。彼らは人びとの関心の的であり、宣教者魂によって、彼らの演説はじっさいに何十万もの人びとの耳に届いた。彼らは夏には何カ月も説教の旅に出、冬になると隠棲した。人びとの記憶に留まるようにと、彼らは自分の聖人像が形成されないうちに、簡単な方法を選んだ。たとえばアイルランド出身のクレメンスは毛髪と手の指の爪を切り、それを集まった聴衆に、聖遺物として分け与えたのだった。

遍歴説教師たちの最初の波と、彼らが人びとに及ぼした大きな影響、またこれと時を同じくして遍歴説教師たちにより組織されたカタリ派や抑謙派《フミリアティ》［異端あるいは不従順を理由に弾圧された］のような宗教運動の展開—その結果、十二世紀の教会は否応なく、自前の代弁者をもっときちんと育成せざるをえなくなる。すなわち大学の神学部に修辞学や文法といった科目が導入されただけではなかった。人びとはまた、言葉と模範的な生き方《ウェルボ・エト・エクセンプロ》とを互いに結び付けることのできる男たちを探し求める。さらに司教たちは大衆に話をする際に派手な格好はやめて、遍歴説教師たちに批判のきっかけを与えないようにと促された。

このようなことになったのには理由がないわけではなかった。この時点で教会は、ナザレ出身のかつての遍歴説教師（イエスのこと）とその弟子たちとがこの世にもたらした、教会本来の使命《ミッション》から大きく逸脱していたのである。修道院は物質的な保証がなされる場になってしまっていた。修道院で暮せば餓えを心配する必要はなかった。司教イヴォは不快の念もあらわに、女子修道院が後援者たちの言いなりになっているると報告しているし、またオルレアンの司教ヨハネスはトゥールの大司教の稚児であって、誰かが路地でそのことを歌ったところ、ヨハネスも一緒になって歌うのだった。[177]イヴォ自身、修道士をひとり、贋金づくりを理由に追放しなければならなかった。また別の修道士は、泥棒を拷問にかけたために非難されている。修道士たちが大酒を呑んだり、位階争い——競争相手の殺害や故殺、目をえぐり取ることが当たり前の解決策になっていた——が絶えなかったなどは、まったく言わずもがなであるが。

最初の十字軍の波が引いた後、遠征から戻ったわずかなフランスの騎士たちは、良きキリスト者になっていたわけではなかった。彼らはもっと多くの聖遺物を持ち帰ることを渇望したのだった。その間、人びとは魂の救済を求めていた。その熱意が昂まり、一団の男たちが自分でイェルサレムを捜そうと——しかもフランス国内に——出かけて行って、餓死する事件さえ起った。新しい思想が生み出される恰好の時であった。教会でさえそう思っていた。それゆえ遍歴説教師たちは、あまりにも過激な言動を弄するのでない限り、また一定のルールを守るのであれば、教会の支援を受けた。そうでなければ異端者のレッテルが貼られ、相応の覚悟をせざるをえない危険があった。

遍歴説教師の中にはいかさまな者もいたことを、グリム兄弟は認めている。兄弟が編纂したドイツ語辞典［兄弟が編纂を開始し百年後に完成］の該当する項目では、

遍歴説教師（男性名詞） 遍歴の旅をしつつ説教する者。例〈すると、一八四八年にあの遍歴説教師のひとりがやって来た。遍歴説教師にはまともな者もいるが、多くは狂っている。〉

いわゆる遍歴説教師たちは、ヴィルヘルム二世［ドイツ皇帝、在位一八八八―一九一八］の治世にはいっそう強力になって再び登場する。しかも当時は遍歴説教師の証明書さえ発行され、こうして遍歴の旅を続けながら説教することが法的に許可されていたのである。アーレント・ゼー［北ドイツの湖沼地帯］出身の跣足修道会士グスタフ・ナーゲルは、こうした行為により郷里では最高額の納税者だった。同職の先人たちと同様、彼は粗末な服に裸足で、預言者と称してドイツを歩きまわり、さらには地中海沿岸にまで行って愛を説き、独自の正書法を用いて小冊子を印刷した。しかも一九〇二年のクリスマス・イヴにはベツレヘムにロバで乗り入れさえしたし、できればインドにも行ったことだろう。そしてこの時点ではまだ、アーレント・ゼーに神殿を建てるというヴィジョンは必ずしも抱いていなかったようである。それを彼はやってのけたのである。この点でも彼は中世の偉大な遍歴説教師たちとほとんど変わらない。グスタフ・ナーゲルは手指の爪を後に残すようなことさえしなかったが、宣伝効果があるように、常に野菜と果物（彼はそれを生で食べるよう説教した）を背景に、自分の肖像写真

を複製したはがきを印刷させた。

今日では遍歴説教師はほとんど残っていない。けれどもインターネットによって、どんなことでも、信頼が得られるように、そしてどんな好みにも合うように広められている。まだ数年前には株式取引のグル、アンドレ・コストラニイが「株式の遍歴説教師」と自称していた。金融取引に特別な直感を働かせ、それを世界の金融市場に告知したからである。

もうひとりの遍歴説教師についても報告しておかなければならない。彼の宣教的な仕事が今でもまだ人びとの役に立っているからである。禁酒主義者トマス・クック。彼は酒に酔う代わりに、日曜ごとに田舎にハイキングに行くようにと説いた。そして一八四一年七月五日には、レスターからラクボロー（ともにイギリスの都市）まで鉄道の旅を組織した。お茶と葡萄パンとブラスバンド付きだった。ハイキングは大成功を収め、クックは他の慈善のための旅行もおこなった。まずイギリスの湯治場に、後にはヨーロッパの大陸やエジプトにも出かけている。彼の企画は今日なお生き続けており、小冊子に代って旅行パンフレットが印刷され、また聖遺物の代わりに人びとは土産品を買いこむ。ハイキングは今でもまだおこなわれている――レクリエイションとして。だがその他のことはもうおこなわれなくなってしまった。

Zeidler

24 野蜂飼い

野生の蜜蜂を専門に飼育する、同職組合《ツンフト》に属する職業

特　徴：網、養蜂用の斧、弩

活躍期：はるかな昔から17世紀頃まで。スラブ圏では地域により、今日も存続

挿　絵：古木の6メートルほどのところで幹を刳《く》り貫き、巣箱にする蜂飼い。巣箱の出入り口には巣門を開けた板を取りつけている。もうひとりは、蜜蜂をおちつかせるためにパイプを吸っている。蜂飼い用のナイフも見える。右側の樹には、蜂飼いが自分の樹として彫りつけた印が見える

背　景：蜂飼いたちの法に関する1350年の文書。ここで蜂飼いの特権が導入される—カール4世によりニュルンベルクの帝国所有林のために。「皇帝カール4世による、ニュルンベルクの養蜂業者の特権　1350年」

今ではもう姿を消してしまった数多くの職業の中には、今日の視点から見て、その背後にいる人が自分の仕事のおかげで幸せに満たされた人生を送ることができ、しかも労働や労働状況によってさんざんな目に遭うこともなくてすんだと思われるものはわずかしかない。養蜂業はもしかするとそのひとつかもしれない。森で野生の蜜蜂の番をし、その生産物、すなわち蜂蜜と蜜蠟とを加工して販売する職業集団である。この仕事は変化に富んでおり、手仕事が商品化に結びついた。屋内と屋外で、ある時は樹上の生い茂った枝葉の中で俗世のはるか上空をただよい、またある時は森の大地を這いまわりながら。けれども常に「甘い」仕事であった。養蜂家たちは自分に必要な物はすべて森で見つけ、自分たちより先に来た者がいないことに注意を払わなければならなかった。

彼ら養蜂家たちはよく弩《いしゆみ》が描かれた紋章を誇りにしていたようだった——そうするのもまったく当然のことであった。古代から宗教改革の時代まで、蜂蜜は重要な経済要因とみなされていたし、またプラトンの『法律』編以降は、蜂飼いの職業は法的にも敬意をもって扱われた。養蜂業者は固定した概念と同職組合《ツンフト》として中世に初めて登場するのだが、独自の裁判所を有し、税を納め、戦争になると領主のために弩の射手として仕えなければならなかったのである。

蜜蜂は古くから存在した。琥珀に閉じこめられた、八千五百万年前のものと見られる蜜蜂が発見されているのである。そのころにはもう蜂は群れ社会を形成していた。つまり八千五百万年前、ギリシャ人がそれに気づく以前から。また、この働き者の昆虫が初めて描かれたのは紀元前一万八千年ごろ、イタリアの洞窟の中であった。人間が蜂蜜で英気を養うことをどうして思いついたのか、はっきりとはわからない。おそらくは熊か、あるいは他の野獣を見て知ったのだろう。けれども人間がその味を知るや否や、蜂蜜はこの好戦的な二本足の動物の献立表から外すことはできなくなった。地球上のあらゆるところで（オーストラリアは蜂が棲息せず、植物の受粉には別の形をとらざるをえないので、除外）、蜂蜜は宗教的な意味合いをこめて崇められ、食べられ、薬品として用いられた。死者を蜜に漬けて保存する民族もあったし、またエジプトでは蜂蜜が亡骸に添えて埋葬された。

エネルギーがまだ人の頭数で測られた時代には、記念碑を建てたり、文明の基礎を築く力を供給したのが蜂蜜であり、石油ではなかった。したがって、この長持ちのする生産物の売買は、それを産出する草地が盛んに花を咲かせるのと同様に、盛況だった。特にカルパチア山脈地帯は深い針葉樹林や岩山の狭間があるところから、古くから蜂蜜を輸出しており、ロシアのノヴゴロドのような都市は、ヴァイキングの時代にはすでに蜂蜜の積み替え地であったらしく、広大な地域の四方八方から商人が「神の飲み物《ネクタル》」を運び集めては、地中海まで売りに行くのだった。

メルサリア（マルセイユ）出身のピュテアス、このアレクサンドロス大王の同時代人は、パンに蜜を塗り、蜂蜜酒を飲むゲルマン人について伝えている。発酵して甘酸っぱくなった蜂蜜は人びとの口に合ったので、これで酒宴を催すことが彼らの集会や宗教儀式に組みこまれていた、と。蜂蜜と違って安酒は持ちが悪く、商品には不向きだった。つまりゲルマン人は酒用の蜜をまだ新鮮なま、しかも自分たちの森で自由に集めることができたし、またそこでは蜜が不足することはまったくなかったので、少なくとも蜜探しに頭を悩ますことはなかった。国家が建設され、それと共に所有に関するルールが新たに生まれると、その時はじめて森で蜂蜜をとる権利が誰にあるのか、という争いが生じたのだった。これに対する関心はあらゆる側から上がった。新たに築かれた修道院が今ではその地域を管轄しており、単に蠟燭用の蠟のみならず、修道士たちは蜜もまたあきらめるつもりはなかった。蜂蜜はなんと言っても断食期間、特に復活祭に先立つ四旬節には好ましい気晴らしとして用いられ、また医薬品の製造にも使われたからであった。

こうして蜂蜜の生産にかかわる法律がつくられなければならなかった。この任務は一三五〇年、カール四世〔神聖ローマ皇帝、在位一三四六―七八〕が負うことになる。彼が定めた規定がドイツにおける養蜂業のはじまりである。この規定によると、野生蜜蜂の番人は独自の法廷を持ち、森林監督官と密接に協力することが定められており、また一種の警察権限、特に蜂蜜泥棒を処罰する権限が与えられていた。地域によって差があることも、まさに課税の際に何度も明らかになった。すなわち蜂飼いの多くは、自分が集めた蜜の中から一定のパーセンテージを供出しなければならなかった。このことは実際には充分に機能したわけではなく、「税のごまかし」をひき起した。それよりもはるかにうまくいったのが、毎年一定量の蜂蜜を供出させるやり方だった[178]。蜜を水で薄めることがたびたびおこなわれたために、蜂蜜検査官が置かれることになった。けれども大体において、野蜂飼いはあまり多くのリスクにさらされることのない仕事だった。

法律上大きな悩みの種になったのは、蜂飼いが自分の蜂をどこまで追うことが許されるのか、という問題であった。春になると蜜蜂は群をなして巣を離れ、樹枝に房状に群がってから飛び去る。適用される法律は地域によりまちまちだったが、一般的には蜂飼いは斧を投げてそれが落ちたところまで群を追うことができた。蜂飼いに定められた空間から蜂を運び出してはいけなかった。この事情は、ローマ人の場合はさらに違っていた。東ローマ帝国ユスティニアヌス一世〔在位五二七―五六五〕は「ローマ法大全《コルプス・イウリス・キヴィリス》」〔五二八、五三四〕において、こう定めている。「蜂もその本性は野生の動物である。それゆえ蜂どもが汝の樹木に止まった時は、汝がそれを巣箱に収容しないうちは、それは汝のものではない。これは、樹上に巣をつくった鳥の場合と同様である[179]」。

基本的に蜂飼いにはふたつの敵がいた。ひとつは熊であり、他方は蜜盗人であった。たとえば一五三七年にザーラウ〔旧東プロイセン、現ポーランドの町〕では四十五の巣箱が熊に喰われてしまった[180]。役に立ったのは唯一、鑢《やすり》をかけた次のような熊用の罠だった。

「蜂蜜をとても食べたがっている熊を想像してください。熊は蜂の巣箱の前に重い丸太が綱に吊るされているのを見、それを前脚で押し退ける。すると丸太は跳ね返って来て、熊の頭をさんざんに叩きつぶす…[181]」。

これに対し、蜜盗人は法によって罰せられなければならない。見せしめになればなるほど、処罰には効果があった。言い逃れや口実に配慮がなされることはごく稀だった。

「シュネルプフェルテルの町の書記官の下男が、蜜蜂の群を帽子に入れ、荒野から運び去った。彼はその群が彼に留まって、帽子の中に集まってしまったのだと言って誓った。それでも彼は罰せられなければならなかった。帽子を蜂の群と一緒に繋みに捨てるように言われたのである。そして今後は蜂の群を荒野から持ち帰ってはならぬ、と…」[182]。

以上は一七七一年のゲルリッツ〔ドイツ、ザクセン地方の町〕の養蜂法からの抜粋である。ニュルンベルクが蜜菓子で有名になったのは偶然ではない。針葉樹林に囲まれたこの町は養蜂にとってこの上なく有利な諸々の法的条件を整備し、蜜パン職人は、自分たちの多くが信頼する蜂飼いから直接、「黄金の滴」を購入したのである。

ところで蜂飼いたちの日常の仕事はどうだったのだろう。蜂飼いの仕事は親から子に引き継がれ、蜂飼いたちはそれぞれ、森の中に決まった区画を持っていた。自分の森でまず蜂の群が営巣している樹を見つけなければならなかった。同じ群は常に同じ樹に棲むところから、蜂飼いはその樹に印を刻みこんで見分けることができ、その群は彼のものになった。春、新しい女王蜂がまだ小さな群れを引き連れて分封（巣分れ）すると、蜂飼いは新たな営巣場所を見つけなければならないが、これは前もって用意しておくことができた。彼は樹冠を切り、そこに上から穴を開けてから再度ふさぎ、脇に蜂の出入り口をつくる。そうした樹木も「巣箱《ボイテ》」と呼んだのである。蜜蜂の行動を詳しく観察すれば、当然のことながら、新しい群にとって理想的な営巣場所がどうあらねばならないかがわかる。たとえば、風が当り難い場所で水辺に近く、低い下草が生え、ヒースあるいは灌木がある、おちついた森林地帯がよいと。

蜂飼いには同職組合が決めた内緒ごとが多かったけれども、十七世紀のロシアのテキストが彼らの活動について、わずかながらも情報を提供してくれる。

「彼らは巣箱《シュトク》をさまざまな種類の樹、たとえばオークや科《しな》の木、あるいはたいていの松に打ち付ける。…その地方にはそうした蜜蜂用の巣箱をおよそ五百も所有する人がいて…。このような仕事を見たことのない者には、人が恐ろしい高さまで登っていくのを見て、信じられないらしい。木の枝を伝って登るのではなく、革製の綱を使い、それを一本の太枝に投げかけ、両手で摑む。こうして小枝を下ろしながら、だんだん高く登り、快適に仕事を果たす」[183]。

樹上に取り付けたこの巣箱には欠点があった。すなわち一本の樹には蜂は常にひと群しか営巣せず、また樹が嵐で倒れてしまえば、すべてが失われてしまうのである。

いわゆる丸太巣箱が蜂飼いたちの仕事を楽にした。輪切りにした丸太を刳《く》り貫き、それを樹木の太枝に吊るすか、あるいは森の中に据えたのである。

蜂飼いでない者や蜜盗人が蜜を手に入れるには、蜂を巣からいぶし出さねばならなかった。だが蜂飼いは巣をもっと長持ちさせるやり方を知っていた。というのは、いぶしてしまうと、その巣箱にはもう蜂は戻らないからである。その方法がどうだったかは、残念なことにどこにも書き残されていない。これもまた蜂飼いたちの秘密のひとつで、彼らは仲間に誓いを立てた後で、口伝で伝えたのだった。

だが、野生の蜂を飼育する仕事は永遠に続くことはなかった。この職業グループはゆっくりと廃れていったのだが、それには明らかに多くの要因があった。そのひとつがマルティン・ルターの宗教改革だった。このヴィッテンベルクの住民は嫌というほど何度も言ったものである、「真の信仰があれば、神の舘が明るい灯りの海に充たされずともよし」と。その結果、蠟燭用の蜜蠟の需要は急激に落ち込んだ。蜜蠟は依然として、わずかではあるが封蠟に用いられたし、また手工業にも使われたが、市場はかなり狭くなってしまった。蜂蜜は唯一誰にも知られた甘味料だったが、これも間もなく取って代られる—カリブ海出身の奴隷のおかげで、その地から輸入された砂糖によって。しかも砂糖の方がはるかに溶けやすすかった。もうひとつの蜂蜜製品、蜂蜜酒はどうだろうか。こちらはもうだいぶ前から飲まれなくなっていた。そのころにはうまいワインも口当たりのよいビールもあったし、古代ゲルマン伝来の飲み物はほこりをかぶって古臭く見えたからである。

野蜂飼いがいなくなったもうひとつの理由は、これまでほとんどの蜂蜜を得てきた森林が、この間に、炭焼きたちや瀝青《ピッチ》工、あるいはガラス職人により、原材料としてすっかり使い尽されてしまったことだった。蜂にとっても、また飼育する者にとっても、そこにはもう居場所がなくなってしまった。巣箱の世話は、家の近く、庭や修道院で、あるいは城の前庭でやるように変わっていった。

蜂飼いたちがかかわった最後の裁判は、一七七九年にニュルンベルクで開かれた。一九九二年になってやっと蜜蜂はドイツの領域で、法律に再度、特別に言及されるに値する地位を獲得する。すなわち、民法典で蜜蜂の役割が花卉栽培業者よりも上位に位置づけられたのだった[184]。

家庭での養蜂もまた、しだいに収益が上がり、役立つようになった。庭のすぐ隣で蜜蜂を飼えば、植物は確実に最良の受粉をすることができる。その上、たとえばバート・キッシンゲンで一六四三年にあったように、町の囲壁から投じられた多数の蜂の巣箱が、包囲軍から町を解放したこともある[185]［三十年戦争末期、南ドイツのこの町を包囲する新教スウェーデン軍に投石機で蜂の巣箱を発射］。スラブ圏では野生蜂の飼育は副業として、二十世紀までおこなわれた。

謝辞

フィーザーとシャウツから

「ターゲス・シュピーゲル」紙［ベルリンの代表的日刊紙］に
本書所載の二十四の物語のうちから十章を経済欄に掲載し、
刊行の契機をつくって下さった

石版印刷工　ヴァルター・シャウツ氏に
全面的に協力して下さった

アルブレヒト・ヴィターリン氏に
影絵《シルエット》を切り抜いて下さった

ミヒャエル・フィーザーから
イーネス・イヴェン氏に
調査の方法を教示して下さった
ゲールト・フィーザー、テオ・ヴェタハの両氏に
仕事を見守って下さった
レートに
話を熱心に聞いて下さった

イルメラ・シャウツから
すべてにわたって
アンゲラ・シャウツとヴァルター・シャウツに
私の話に快く耳を傾け、仔細に見届け、専門的な助言をして下さった

カーリン・ルーカスとベンヤミン・エルベン・フォン・イコニクの両氏に
図版作成の創造力および助力に感謝

「何でも呑みます屋」について
外科医　ニーナとクリスの両氏に
医学上の疑問に多様な教示をして下さった

訳者あとがき

吉田正彦

一枚の絵にご注目いただきたい。題して"Kölner Kaufruf"、「ケルンの街の物売りの声」とでも訳せばよいだろうか(図①)。一六一三年に作成された銅版画である。中世ヨーロッパのキリスト教布教の拠点都市ドイツのケルンは、またヨーロッパ有数の大河ラインを利用した、北海と大陸内部とを結ぶ商業航路の最も重要な拠点でもあって、近代に至るまで繁栄を謳歌した世界の大都市のひとつであった。図はこの町の新旧の広場で頻繁に開かれた市や街中で、声を張り上げて商いをする物売りたちを描く一枚刷りである。銅版画が普及するのと歩を合わせるかのように、この手の「刷り物」がヨーロッパの町々で流布し始めるのが十六世紀の後半のことであった。いわく、「ロンドン・メロディー、あるいは四季の物売りの声」"London Melodies, or Cries of the Seasons"、「マルセイユの人びとの物売りの声」"Le Cris Populaires de Marseille"、「バルセロナの物売りの声」"Baladres de Barcelona" 等々。サンクトペテルブルクからナポリまで、すなわちロシアや北欧から南欧に至る諸国の主な都市で、こうした物売りの声(Cries, Cris, Baladres, Kaufruf)

図① Bernadette Schöller : *Kölner Druckgraphik der Gegenreformation*
Köln / 1992 S.128

が、行き交う人びとの耳を聾したようである。また銅版画に限らず、木版画や、本書でも扱われる石版画による作品まで含めるなら、「物売りの声」図は南北のアメリカやアジアでも作成された。もちろん日本でも、特に江戸時代には数多く描かれたことは読者諸氏もご存知のとうりである。

それではケルンの広場にはどんな物売りが集まったのだろうか。「物売りの声」図をちょっとのぞいてみよう。まず一段目、ここには広場に集まる各層の市民が描かれる。最初はこの町の富と権力とを代表する市長が三人の従者を伴って、街にくり出そうという場面である。それに相対するは、この町の貴顕の令嬢ご一行。婚礼のために教会に向かうところと見える。その右に続く五人はそれぞれ、まず町の名家の御婦人、裕福な市民の妻と夫、そして市に買い物に来た市民の娘と台所女中。二段目以下に登場するのが、ケルン近傍の村々からやって来た物売りたち。ここには三十八人もの男女がそれぞれに声を張り上げる、「キャベツに人参、獲れたてだよ。おいしいよー」と。大根にレタス、玉ねぎ、りんごと梨、スペイン産のオレンジを売る女たち。小麦粉や牛乳を商う者。籠に鮮魚と肉を入れて売りあるく者もいる。—そうなのだ、今日では忘れられてしまったけれど、彼女たちにとって「頭」は格好の、しかも便利な商品棚だったのだ。薪や麦藁《むぎわら》、箒《ほうき》さえ、そこに陳列されているではないか。そして「上等のリンブルク・チーズ、これで一杯やりゃあ、夢心地だぜ」と、チーズや焼き菓子販売、ワイン売り…。ちょっと変わっているのが暦と瓦版《かわらばん》売り。「瀬戸物いろいろ取り揃えてるよ。古いやつはどんどんブッ欠いて、新しいのをお買いなさい」と、

図②　Hrsg.v.Leander Petzoldt : *Historische Sagen* Bd.2 München/1977 S.6

少々不埒な声さえ聞こえる。物売りばかりじゃあない。町の広場じゃ、なんでも商う。靴の修理、刃物研ぎ、煙突掃除…。残念だが、すべてを挙げる余裕はない。最後に読者諸氏にご思案を乞うとしよう。お考えいただきたいのは四段目、右から三人目の男にご注目。彼は一体何を職業《しごと》にしているのだろうか。ヒントは右肩に担いだ竿の先にある。

「ケルンの街の物売りの声」に先立つこと四半世紀、ほぼ同じ図柄の銅版画が作られていた。そこには「帝国都市ケルンの路上で宣伝販売されるあらゆる商品一覧」

と題して、三十八人の物売りとその口上が付されており、近世初期のケルンの街頭や広場での物売りの様子をうかがうことが出来る。それによると先の男、何かが入った器を左手にして、こう呼ばわっているのであった。

「二十日鼠《マウス》に家鼠《ラット》　ねずみ共《ども》にゃあ　この薬草　奴《やつ》らの皮膚に浸み込ませ　とどめを差そうという訳さ」

そう言えば、グリム兄弟の『ドイツ伝説集』に収められた「ハーメルンのねずみ捕り」の挿絵にも、ねずみを吊るした竿を肩にした、あの男が描かれているではないか（図②）。ハーメルンは町を流れるヴェーザー川の水車による粉ひきが盛んだったために、小麦を狙うねずみに悩まされたのである。その挙句の出来事が、ねずみ捕りを生業にする男のあの事件だった。だが、殺鼠剤が幅を利かせるようになると、あの男も、あの職業《しごと》も姿を消してしまった。

本書は、Michaela Vieser/Irmela Schautz:*Von Kaffeeriechern, Abtritanbietern und Fischbeinreißern -Berufe aus vergangenen Zeiten,* C.Bertelsmann/2010 の全訳である。

著者として名を連ねる二人については、「はじめに」にあるように、文章担当と挿絵の担当と紹介したらよいだろう。日本の読者に向けて、フィーザーさんは次のように二人の略歴を書いてくださった。

ミヒャエラ・フィーザー（著述業）　一九七二年生まれ、ロンドンのＳＯＡＳで日本学及び東洋美術史を学ぶ。修了後、奨学金を得て東北大学で日本美術史を専攻。六年にわたり日本に滞在、国際メディアのジャーナリスト兼プロデューサーとして働く。そのうち、九州の寺院で過ごした一年は決して忘れることができない。eintauchen（この語は仏教では如何なることを言うのだろうか。剃髪あるいは得度か。因みにキリスト教では、全身を水に浸しておこなうバプティスト派の受洗）することを許され、日本の心に触れたように思う。この体験に基づいた自伝的な著作『仏陀とお茶を―日本の寺院で過ごした一年』はドイツでベストセラーになった。現在ベルリン在住。

イルメラ・シャウツ（挿絵画家）　シュトゥットガルトとミュンスターの大学で美術／グラフィックアート、舞台装置および衣装デザインを学ぶ。一九九六年から九八年までミュンスターのヴェストファーレン州立考古学博物館で学術デッサンを担当。忘れられないのは、二〇〇一年に仕事で東京に半年間滞在したこと。世田谷区の演劇グループ「燐光群」で舞台衣装を学び、東京芸術大学学生有志によるモーツァルトのオペラ『コシ・ファン・トゥッテ』（東京オペラ・

アカンサス）の衣装を担当したという。日本の美術、特に紙の文化からその後の仕事に多大な影響を受けた。二〇〇五年以降は挿絵に専念。ベルリン在住。

最後にひと言。もう十年ほど前になるが、同僚との共同研究の成果を出版した。* 学術書という性格上発行部数は多くなかったけれども、収められた論文の幾つかは書評の対象になり、評価をいただいた。その時に編集を担当して下さったのが長岡さんであった。その長岡さんから連絡をいただいたのは三年ほど前であったか。新しい出版社を立ち上げて、五年になるとうかがった。その際、こんな本があるが、と手渡されたのが本書である。一部を読み、その面白さと、また挿絵にも驚いた。だがお引き受けした翻訳は、約束を半年余も遅れて完成。その後も私の都合でもろもろの遅れが生じ、出版がずれ込んでしまった。ベルリン在住のお二人の著者はもちろんのこと、長岡さんにもお詫びを申し上げなければならない。

*馬場・三宅・吉田編『ヨーロッパ―生と死の図像学―』東洋書林

そして何よりも、読者諸氏には、読後の感想をお聞かせいただければ幸いである。

二〇一四年六月三十日

166 Pieske, Christa: Schattenrisse und Silhouetteure. Franz Schneekluth Verlag, Darmstadt, 1963; S. 8

167 ebd., S. 23

168 1917. In: Maas, Ellen: Wie sich die Bilder gleichen …, Aschaffenburg, 1991

169 Gartenlaube, 1892. In: Maas, Ellen: Wie sich die Bilder gleichen …, a. a. O.

170 Joost, Ulrich: Die Silhouetten sind abstracta. Seine Beschreibung ist eine bloße Silhouette – Georg Christoph Lichtenberg, der Schattenriss und die Physiognomik. In: Ackermann, Marion, a. a. O., S. 67

171 Alberts-Langula, P. Hermann: Bruder Berthold von Regensburg, der Wanderprediger des Mittelalters. In: Für Feste und Freunde der inneren Mission. Heft 42, Buchhandlung des Ostdeutschen Jünglingsbundes, Berlin, 1901; S. 1

172 von Walter, Johannes: Die ersten Wanderprediger Frankreichs – Studien zur Geschichte des Mönchstums. Deichert'sche Verlagsbuchhandlung, Leipzig 1906; S. 1

173 ebd., 163/164

174 Oberste, Jörg: Ketzerei und Inquisition im Mittelalter. Wissenschaftliche Buchgesellschaft, Wiesbaden, 2007; S. 41

175 Alberts-Langula, P. Hermann, a. a. O., S. 6

176 ebd., S. 8

177 von Walter, Johannes, a. a. O., S. 145

178 Jung-Hoffmann: Bienenbäume in der Mark Brandenburg, der Niederlausitz und Berlin. In: Jung-Hoffmann, Irmgard (Hrsg.): Bienenbäume, Figurenstöcke und Bannkörbe. Förderkreis der Naturwissenschaftlichen Museen Berlins e.V., Berlin, 1993, S. 6

179 Lühn-Irriger, Susanne: Die Biene im deutschen Recht von den Anfängen bis zur Gegenwart, LIT Verlag, Münster/Hamburg/London, 1999; S. 17

180 Jung-Hoffmann, a. a. O., S. 6

181 ebd., S. 4

182 ebd., S. 44

183 Thäter, Wolfgang: Das Zeidlerwesen – Grundlagen der Imkerei. Verlag Ehrenwirth, München, 1993; S. 27

184 Lühn-Irriger, a. a. O., S. 2

185 Lerner, Franz: Aber die Biene findet die Süßigkeit – kleine Kulturgeschichte des Honigs. Econ Verlag, Düsseldorf/Wien, 1963; S. 133

145 ebd., S. 229
146 Koch, Tankred, a.a.O., S. 91
147 ebd., S. 94
148 Pechacek, Petra: Scharfrichter und Wasenmeister in der Landgrafschaft Hessen-Kassel in der frühen Neuzeit. Peter Lang Verlag, Frankfurt a.M., 2003; S. 65
149 Koch, Tankred, a.a.O., S. 249
150 ebd., S. 244
151 Pechacek, Petra, a.a.O., S. 172
152 Gericht zu Göppingen, 1710. In: Schuhmann, Helmut: Der Scharfrichter – Seine Gestalt. Seine Funktion. Verlag für Heimatpflege, Kempten/Allgäu, 1964; S. 275
153 Koch, Tankred, a.a.O., S. 63
154 Pechacek, Petra, a.a.O., S. 236
155 Boyle, T.C.: Wassermusik. (in der Übersetzung von Werner Richter), rororo Verlag, Hamburg, 1990; S. 118
156 Schimmer, Karl Eduard: Alt und Neu Wien – Geschichte der österreichischen Kaiserstadt. A. Hartlebens Verlag, Wien/Leipzig, 1904; S. 329/321
157 Czeike, Felix: Der neue Markt. Paul Zsolnay Verlag, Wien/Hamburg, 1970; S. 79
158 Göres, Burkhardt: Berliner Prunkschlitten, Kutschen und Sänften des Barock. Ausstellungskatalog Staatliche Museen zu Berlin, Kunstgewerbemuseum, 1987; S. 17
159 Schramm, Carl Christian: Abhandlung der Porte-Chaises oder Trage-Sänften durch Menschen oder Thiere, in allen vier Theilen der Welt, nach der Critic, Mechanic, Historie. Verlag Christoph Weigels, Nürnberg, 1737
160 Das Hohelied Salomons. Kap. 3, Vers 9–10
161 Schramm, Carl Christian, a.a.O., S. 29
162 Göres, Burkhardt, a.a.O., S. 17/18
163 Hopf, Andreas und Angela: Scherenschnitte. Bruckmann Verlag, München, 1989; S. 7
164 Schmölders, Claudia: Profil sucht en face. Über Lavaters Theologie der Schattenrisse. In: Ackermann, Marion: Schattenrisse. Städtische Galerie im Lenbachhaus und Kunstbau, München, 2001; S. 37
165 Lavater, Johann Caspar: Physiognomische Fragmente. Heimeran Verlag, Oldenburg, 1949; S. 33

derswo. Gesellschaft für Verkehrspolitik und Eisenbahnwesen, Berlin, 2000; S. 34

124 Archiv für Post- und Telegraphie: Beiheft zum Amtsblatt des Reichs-Postamts, Nr. 7, Berlin, April 1887; S. 217

125 Arnold, Ingmar, a. a. O., S. 68

126 Schwaighofer, Hans: Rohrpost-Fernanlagen (pneumatische Stadtrohrposten). Verlag Piloty & Loehle, München, 1916; S. 340

127 Hoffmann, Walter und Ingeborg: Ziel verfehlt und doch gewonnen: Lebenserinnerungen einer Neunzigjährigen. Verlag Books on Demand, Norderstedt, 2004

128 Kästner, Erich: Emil und die Detektive. Cecilie Dressler Verlag, Hamburg, 1989; S. 44

129 Busch, Gerda: Die Frau im Haupttelegraphenamt. In: Hundert Jahre Haupttelegraphenamt Berlin. Deutscher Zentralverlag, Berlin, 1951; S. 136

130 Arnold, Ingmar, a. a. O., S. 116

131 Siegert, Fritz: Im alten Haupttelegraphenamt von Anno dazumal. In: Hundert Jahre Haupttelegraphenamt Berlin. a. a. O., S. 154

132 Morche, Pascal: Sssst und plopp. Die Rohrpost – eine fast vergessene Kommunikationsform. In: Spiegel Special Info-Sucht, Hamburg, 3/1999

133 S. 41/42: Herzog, Ulrich (Hrsg.): Die geheimen Künste der Rosstäuscher. Verlag Moby Dick, Kiel, 1998; S. 41/42

134 ebd., S. 38/39

135 ebd., S. 12

136 ebd., S. 54

137 ebd., S. 77

138 Infomaterial der Schauhöhle Walldorf

139 http://www.sternenfels.org/index.cfm?fuseaction=gaeste&rubrik=geschichte

140 Pilgram-Brückner, Ingeborg: Der Stubensand-Jakob erzählt. Heilbronner Stimme, 1983; S. 3

141 Koch, Tankred: Geschichte der Henker. Kriminalistik Verlag, Heidelberg, 1988; S. 243

142 ebd., S. 247

143 Irsigler, Franz und Lassotta, Arnold: Bettler und Gauner, Dirnen und Henker – Außenseiter einer mittelalterlichen Stadt. dtv Verlag, München, 1996; S. 245

144 ebd., S. 249

Schausammlungen des Naturwissenschaftlichen Museum Coburg, Heft 16, 1975; S. 5

106 Syntax, Peregrinius: Allgemeines Deutsches Reimlexikon. Erster Band, F. A. Brockhaus, Leipzig, 1826

107 Erichson, Ulf/ Weitschat, Wolfgang: Baltischer Bernstein. Deutsches Bernsteinmuseum, Ribnitz-Dammgarten, 2008; S. 105

108 ebd., S. 94

109 Meyers Konversationslexikon. 4. Aufl., Zweiter Band, Leipzig, 1885–1892

110 Tesdorpf, W.: Gewinnung, Verarbeitung und Handel des Bernsteins in Preußen von der Ordenszeit bis zur Gegenwart – Eine historisch-volkswirtschaftliche Studie. Gustav Fischer Verlag, Jena, 1887; S. 21

111 ebd., S. 29

112 Blumhof , Johann Georg Ludolph : Lehrbuch der Lithurgik oder der angewandten Mineralogie für Kameralisten, Oekonomen, Technologen, Metallurgen und Forstmänner, zum Gebrauch bei Vorlesungen auf Universitäten, Gymnasien und polytechnischen Lehranstalten. Varrentrapp, Frankfurt a. M., 1822; S. 319

113 Mührenberg, Doris: Bohren, drehen, schneiden. In: Faszination Mittelalter: Funde fürs Museum, Teil 3, Hansestadt Lübeck, Presse- und Öffentlichkeitsarbeit, Ausgabe 187 vom 31. 07. 2001

114 Tesdorpf, a. a. O., S. 32 und S. 38

115 S. 100, Aycke, Johann Christian: Fragmente zur Naturgeschichte des Bernsteins. Danzig, 1835

116 Tesdorpf, a. a. O., S. 27

117 Jurina, Kitti: Vom Quacksalber zum Doktor Medicinae – Die Heilkunde in der deutschen Graphik des 16. Jahrhunderts. Böhlau Verlag, Wien/Köln/ Weimar, 1985; S. 126

118 Snyder, Gerto: Wunderglaube und Wahn – Aus der bunten Welt der Scharlatane. Bruckmann Verlag, München, 1965; S. 75

119 ebd., S. 76

120 ebd., S. 79

121 Buchner, Eberhard: Ärzte und Kurpfuscher. Kulturhistorisch interessante Dokumente aus alten deutschen Zeitungen, 17. und 18. Jahrhundert. Albert Langen Verlag, München, 1922; S. 23

122 ebd., S. 51

123 Arnold, Ingmar: Luftzüge – Die Geschichte der Rohrpost in Berlin und an-

burg, 1999; S. 17
86 Hansen, Fritz: Die Erfindung der Lithographie durch Alois Senefelder. Verlag Conrad Müller, Leipzig/Schkeuditz, 1896; S. 9
87 Müller, Hermann: Die Organisation der Lithographen, Steindrucker und verwandten Berufe. Berlin, 1917; S. 499
88 Schneider, Ursula: Bildbedeutungen – Sinnstiftung, Orientierung, Wunschwelten. In: Museum der Arbeit – bilderbunter Alltag – 200 Jahre Lithographie. a.a.O., S. 63
89 S. 40, Pieske, Christa: Bilder für Jedermann – Wandbilddrucke 1840–1940. Schriften des Museums für Deutsche Volkskunde Berlin, Staatliche Museen Preußischer Kulturbesitz, Berlin, 1888; S. 71
90 ebd., S. 40
91 ebd., S. 46
92 ebd., S. 49
93 ebd., S. 36
94 ebd., S. 40
95 ebd., S. 41
96 Senefelder, Alois, Vollständiges Lehrbuch der Steindruckerey. Thienemann Verlag, München, 1818; S. 132
97 Corbin, Alain, a.a.O., S. 193
98 Palla, Rudi: Verschwundene Arbeit. Eichborn Verlag, Frankfurt a.M., 1995; S. 204
99 Köstering, Susanne: Lumpensammler im Nationalsozialismus, 1934–1939. In: Pioniere der Rohstoffbeschaffung. Werkstatt Geschichte Heft 17, 1997; S.60
100 Warnecke, Hans-Jürgen: Lumpensammler aus Ochtrup. In: Rheinisch-westfälische Zeitschrift für Volkskunde 49, 2004
101 Köstering, Susanne: Lumpensammler im Nationalsozialismus, 1934–1939. In: Pioniere der Rohstoffbeschaffung, a.a.O., S. 47
102 Der Lumpensammler: Ein Kalender für Vergangenheit, Zukunft und 1850. Friedrich Gerhard Verlag, Berlin, 1850; S. 37
103 Keßler von Sprengseysen, Christian Friedrich: Topografie des Herzoglich-Sachsen-Koburg-Meiningischen Antheils an dem Herzogthum Koburg Sonnenberg. 1781; S. 118
104 Rau, Siegfried: Die Steinmärbelherstellung im Tal der Effelder. In: Thüringerwald-Verein Mengergereuth-Hämmern e.V., Nr. 2/98; S. 51
105 Aumann, G./Stubenrauch, A.: Die Märbelmühle. Erläuterungen zu den

mit Beispielen aus dem Köhlerleben. In: Kortzfleisch, Albrecht von (Hrsg.): Die Kunst der schwarzen Gesellen – Köhlerei im Harz. Hermann Reddersen Stiftung des Harzklubs. Papierflieger Verlag, Clausthal-Zellerfeld, 2008; S. 254

71 Kortzfleisch, Albrecht von: Leben und Beruf des Köhlers. In: ders. (Hrsg.): Die Kunst der schwarzen Gesellen – Köhlerei im Harz. a.a.O., S. 196

72 Kortzfleisch von, Albrecht: Die sozialen Verhältnisse in den Harzer Köhlerdörfern. In: ders. (Hrsg.): Die Kunst der schwarzen Gesellen – Köhlerei im Harz. a.a.O., S. 215

73 ebd., S. 15

74 Kortzfleisch, Albrecht von: Einführung. In: ders. (Hrsg.): Die Kunst der schwarzen Gesellen – Köhlerei im Harz. a.a.O., S. 3

75 Kurth, Horst: Bedeutung des Kohlwesens in der Forstgeschichte des Harzes. In: Kortzfleisch, Albrecht von (Hrsg.): Die Kunst der schwarzen Gesellen – Köhlerei im Harz. a.a.O., S. 120

76 Hillebrecht, Marie-Louise: Übernutzung und Raubbau, Holznot und Energiekrisen. In: Kortzfleisch, Albrecht von (Hrsg.): Die Kunst der schwarzen Gesellen – Köhlerei im Harz. a.a.O., S. 107

77 Kortzfleisch, Albrecht von: Der klassische – stehende – Erdmeiler oder Platzmeiler. In: ders. (Hrsg.): Die Kunst der schwarzen Gesellen – Köhlerei im Harz. a.a.O., S. 42

78 Baumann, Carl-Friedrich: Licht am Theater. Von der Argand-Lampe bis zum Glühlampen-Scheinwerfer. Franz Steiner Verlag, Wiesbaden/Stuttgart, 1988; S. 53

79 Ebd., S. 55

80 Ebd., S. 3

81 Maino, Marzia: Beleuchtungstechnik und Bühne in Vicenza im 16. und 17. Jahrhundert. In: Maske und Kothurn. Böhlau Verlag, Wien/Köln/Weimar, 2008

82 Krzeszowiak, Tadeusz: Licht am Theater von der Antike bist gestern. In: Krzeszowiak, Tadeusz, Greisenegger, Wolfgang (Hrsg.): Schein werfen – Licht am Theater. Christian Brandstätter Verlag, Wien, 2008; S. 58

83 Blumenberg, Hans: Arbeit am Mythos. Suhrkamp Verlag, Frankfurt a.M., 1990; S. 567

84 Busch, Wilhelm: Maler Klecksel. 1884

85 Zeidler, Jürgen: Vom Erfinden – Intuition und Plan. In: Museum der Arbeit – bilderbunter Alltag – 200 Jahre Lithographie. Christians Verlag, Ham-

55 Königlich Preußische allergnädigste Declaration, 21. Januar 1781

56 Hobusch, Erich: Auf Schleichpfaden. Schmuggleraffären und Paschergeschichten zwischen 1730 und 1930. Verlag Neues Berlin, Berlin, 1988;

57 Löschburg, Winfried: Als das Lustschiff endlich am Schiffbauerdamm eintraf – und andere Begebenheiten aus acht Jahrhunderten Berliner Geschichte. Der Kinderbuchverlag, Berlin, 1984

58 Firla, Monika: Angelo Soliman in der Wiener Gesellschaft. In: Höpp, Gerhard (Hrsg.): Fremde Erfahrungen. Asiaten und Afrikaner in Deutschland, Österreich und in der Schweiz bis 1945. Zentrum Moderner Orient, Berlin, 1996; S. 71

59 Heller, Hartmut: Beutetürken. In: Höpp, Gerhard (Hrsg.): Fremde Erfahrungen. a.a.O., S. 162

60 Heller, Hartmut: Um 1700: Seltsame Dorfgenossen aus der Türkei. Minderheitsbeobachtungen in Franken, Kurbayern und Schwaben. In: Heidrich, Hermann (Hrsg.): Fremde auf dem Land. (Schriften Süddeutscher Freilichtmuseen, 1). Bad Windsheim, 2000; S. 18

61 Petrasch, Ernst: Die Karlsruher Türkenbeute. Badisches Landesmuseum Karlsruhe, 1991

62 Jahn, Wolfgang (Hrsg.): Geld und Glaube – Leben in evangelischen Reichsstädten. Haus der Bayerischen Geschichte, Augsburg, 1998; S. 237

63 Firla, Monika: Angelo Soliman in der Wiener Gesellschaft. In: Höpp, Gerhard (Hrsg.): Fremde Erfahrungen. a.a.O., S. 71

64 Firla, Monika: Hof- und andere Mohren als früheste Schicht des Eintreffens von Afrikanern in Deutschland. In: Heller, Hartmut (Hrsg.): Neue Heimat Deutschland – Aspekte der Zuwanderung, Akkulturation und emotionalen Bindung. Erlangen, 2001; S. 161 f.

65 ebd., S. 78

66 Schuster, Gabriele: Der Mohr als Schauobjekt. In: Heller, Hartmut (Hrsg.): Neue Heimat Deutschland – Aspekte der Zuwanderung, Akkulturation und emotionalen Bindung. a.a.O., S. 99

67 Heidemann, Wilfried: Der Sandwich-Insulaner Maitey von der Pfaueninsel. In: Heidemann, Wilfried (Hrsg.): Evangelische Kirche St. Peter und Paul Nikolskoe 1837–1987. Festschrift zur 150-Jahr-Feier. Zehlendorf, 1987; S. 118

68 ebd., S. 120

69 ebd., S. 118

70 Wille, Lutz: Harzer Menschen in Volksdichtung und Literatur – Eine Skizze

1993; S. 11
35 Schiebe, August (Hrsg.): Universallexikon der Handelswissenschaften. Leipzig, 1837
36 www.archive.org/stream/whaleboneitsprodoostev/whaleboneitsprodoostev_djvu.txt
37 Loschek, Ingrid: Reclams Mode und Kostümlexikon. Reclam Verlag, Stuttgart, 2005
38 Junker, Almut und Stille, Eva: Zur Geschichte der Unterwäsche 1700–1960. Historisches Museum Frankfurt, Frankfurt a. M., 1988; S. 27
39 ebd., S. 117
40 Gadient, Hansjörg: Schönheit muss leiden, in: Mare, Nr. 34, Oktober/November 2002; S. 36
41 F.J.R: Der wolvertheigte Steiffe und weite Weiber-Rock, zu besserer Information aller derjenigen, welche dem hochlöblichen Frauenzimmer so sehr verübeln, daß es mit denen jetzt üblichen Fischbein Röcken sich heutiges Tages so groß und breit machet. Frauenstadt, 1715
42 Junker, Almut, a.a.O., S. 34
43 ebd., S. 119
44 Bradley, Mark: Looking Harder at the Roman Fullonica. In: Journal of Roman Archaeology, 2002 (15); S. 31
45 Neudecker, Richard: Die Pracht der Latrine – Zum Wandel öffentlicher Bedürfnisanstalten in der kaiserzeitlichen Stadt. Pfeil Verlag, München, 1994; S. 19
46 Bradley, Mark, a.a.O., S. 30
47 ebd., S. 41
48 Corbin, Alain: Pesthauch und Blütenduft – Eine Geschichte des Geruchs. S. Fischer Verlag, Frankfurt a.M., 1988; S. 159 f.
49 Faber, Rene, a.a.O., S. 142
50 Bradley, Mark, a.a.O., S. 36
51 ebd., S. 24
52 Keunecke, Susanne: Von Schmugglern und Kaffeeriechern. In: Kaffee – Vom Schmuggelgut zum Lifestyle-Klassiker. be:bra Verlag, Berlin Brandenburg, 2002; S. 21
53 ebd.
54 Jacob, Heinrich Eduard: Kaffee – Die Biographie eines weltwirtschaftlichen Stoffes. oekom Verlag, München, 2006; S. 71

17 Daniel, A. H.: Das deutsche Land – geografische Charakterbilder aus den Alpen, dem deutschen Reich und Deutsch-Österreich. D. R. Reisland Verlag, Leipzig, 1892

18 ebd., S. 123

19 Bermann, Moritz: Geschichte der Wiener Stadt und Vorstädte. Wenedikt, Wien, 1871; S. 150

20 Geschichte des Vogelhandels. In: Papageno Backstage. Katalog zur gleichnamigen Ausstellung im österreichischen Museum für Volkskunde, Wien, 2006; S. 109

21 Palm, Kurt: In der gnigl vögel gegessen. In: Papageno Backstage. a. a. O., S. 22

22 Donhauser, Peter: Vogelorgeln, Serinetten und mechanische Singvögel. In: Papageno Backstage. a. a. O., S. 53

23 Groiß, Franz: Ameise und Volkskultur in Ambach, Johann und Dietrich, Christian: Ameisen in Biologie und Volkskultur. a. a. O., S. 169 ff.

24 ebd., S. 173

25 ebd, S. 171

26 ebd., S. 168

27 ebd., S. 178

28 Gräfe, Carl Ferdinand et al.: Encyclopädisches Wörterbuch der medicinischen Wissenschaften. Berlin, 1828–1849

29 Ross, James Bruce: Das Bürgerkind in den italienischen Stadtkulturen zwischen dem vierzehnten und dem frühen sechzehnten Jahrhundert. In: deMause, Lloyd (Hrsg.): Hört ihr die Kinder weinen – eine psychogenetische Geschichte der Kindheit. Suhrkamp Verlag, Frankfurt a. M., 2000; S. 270

30 Karner, Peter: Die Welt ist wie ein betrunkener Bauer – Aus den Tischreden Martin Luthers. Herder Verlag, Wien, 1982; S. 79 f.

31 Weber-Kellermann, Ingeborg: Die Kindheit. Eine Kulturgeschichte. Insel Verlag, Frankfurt a. M., 1997; S. 44

32 Wirth Marvick, Elizabeth: Natur und Kultur – Trends und Normen der Kindererziehung in Frankreich im siebzehnten Jahrhundert. In: deMause, Lloyd (Hrsg.): Hört ihr die Kinder weinen – eine psychogenetische Geschichte der Kindheit. a. a. O., S. 370

33 Müller-Waldeck, Gunnar (Hrsg.): Unter Reu' und bitterm Schmerz. Bänkelsgesang aus vier Jahrhunderten. Hinstorff Verlag, Rostock, 1981; S. 150

34 Schütz, Ernst und Sachs, Michael: Der Zeitungssänger Philipp Keim (1804–1884) aus Diedenbergen. Marianne Breuer Verlag, Wiesbaden-Erbenheim,

原注

1 Faber, Rene: Von Donnerbalken, Nachtvasen und Kunstfurzern, eine vergnügliche Kulturgeschichte. Eichborn Verlag, Frankfurt a. M., 1994; S. 40/41
2 ebd., S. 64
3 Elias, Norbert: Über den Prozess der Zivilisation. Suhrkamp Verlag, Frankfurt a. M., 1977; S. 184/185
4 Faber, Rene, a. a. O.,S. 58
5 Fährmann, Sigrid: Öffentliche Bedürfnisanstalten – Zur Durchsetzung bürgerlicher Reinlichkeitsvorstellungen. Beiträge zur Volkskunde in Niedersachsen, Band 17, Schmerse Verlag, Göttingen, 2000; S. 33
6 ebd.
7 Faber, Rene, a. a. O., S. 66
8 クリュニツによる経済学百科事典から
Retirade 退却、隠れ場所「ひとりでいたい時に行く部屋。要塞の場合には、内側に向って角がカーブし、その背後で身を護るよう設計された防御陣地。特に要塞前部を敵に委ねざるをえぬ場合を考慮して造られる。社交場の用語としては、便所や椅子式簡易トイレを指す」
Posten hat überlassen müssen. Auch der Abtritt oder Nachtstuhl wird in der Sprache der gesellschaftlichen Höflichkeit zuweilen die Retirade genannt.«/ http://kruenitz1.uni-trier.de/
9 Jay, Ricky: Learned Pigs and Fireproof Women. Edition Volker Huber, Offenbach a. M., 1988; S. 299 (Übersetzung: Michaela Vieser)
10 Jay, Ricky, a. a. O., S. 300
11 Bondeson, Jan: The two-headed boy and other medical marvels. Cornell University Press, 2000; S. 265
12 ebd., S. 313
13 ebd.
14 Busch, Paula: Das Spiel meines Lebens. Engelhornverlag, Stuttgart, 1957; S. 130
15 http://www.zeit.de/2008/13/Stimmts-Ameisen-und-Menschen?page=all
16 Groiß, Franz: Ameise und Volkskultur in Ambach. Johann und Dietrich, Christian: Ameisen in Biologie und Volkskultur. Katalog zur gleichnamigen Ausstellung im Landesmuseum Kultur Niederösterreich, 2009; S. 170

rischen Bänkelsang. Metzler Verlag, Stuttgart, 1978

Reichskommissar für Altmaterialverwertung: Rohstoff Schrott, Rohstoff Altpapier, Rohstoff Knochen, Rohstoff Lumpen. Berlin, 1940

Riedel, Veit Karl: Der Bänkelsang – Wesen und Funktion einer volkstümlichen Kunst. Hamburger Kunstverein, Hamburg, 1963

Schwertner, Johann: Bader – Quacksalber – Kräuterweibl – Ein Beitrag zur Volksmedizin. Schriftenreihe des Kärntner Freilichtmuseums in Maria Saal Nr. 5, Kärntner Freilichtmuseum, 1998

Steinberg, Peter: Die Berichte Lippischer Wanderprediger in Wilhelminischer Zeit. In: Lippische Mitteilungen aus Geschichte und Landeskunde. 47. Band, Meyersche Hofbuchhandlung Verlag, Detmold, 1978

Stubenrauch, Andreas: Die Steinmärbelindustrie Thüringens und Frankens. In: Jahrbuch der Coburger Landesstiftung. Kommissionsverlag der Buch- und Kunsthandlung A. Seitz, Coburg, 1963

Wacha, Georg: Tiere und Tierhaltung in der Stadt sowie im Wohnbereich des Spätmittelalterlichen Menschen und ihre Darstellung in der bildenden Kunst. In: Das Leben in der Stadt des Spätmittelalters. Internationaler Kongress Krems an der Donau, Verlag der Österreichischen Wissenschaften, Wien, 1977

White, Martin: Renaissance Drama in Action. Routledge, London, 1998

Wurlitzer, Bernd: Historische Werkstätten. Verlag Die Wirtschaft, Berlin, 1989

参考文献

主な文献は「原注」の各項目を参照されたい。ここには本書にとり上げたそれぞれの職業に関心を抱き、より詳細に知ろうとする読者のために、その他の文献を挙げる。

Aumann, Georg: Die letzte Märbelmühle des Coburger Landes. in: Schönere Heimat – Erbe und Gegenwart. Bayrischer Landesverein für Heimatpflege, 2. Vierteljahr, Heft 2, München, 1972

Bonwetsch, N./Seeberg, R: Studien zur Theologie und der Kirche. Band 9, Dieterich'sche Verlagsbuchhandlung, Leipzig, 1903

Reinhold Baist: Denkschrift Deutscher Papierfabrikanten in Betreff des vaterländischen Lumpenausfuhrzolls. Im Selbstverlag, Frankfurt a. M., 1872

Döbler, Hansferdinand: Kultur und Sittengeschichte der Welt – Eros, Sexus, Sitte. Bertelsmann Verlag, München, 1971

Holler, Renée: Murmeln, Schusser, Klicker. Hugendubel Verlag, München, 1986

Leucorande, Eleonora Charlotte: Gutachten eines galanten Frauenzimmers über die Contusch- und Reifröcke. Meißen, 1714

Moore, Anneliese: Beziehungen zwischen Hawaii und Berlin. in: Jahrbuch für Brandenburgische Landesgeschichte Nr. 31, Berlin, 1980

Panati, Charles: Universalgeschichte der ganz gewöhnlichen Dinge. Eichborn Verlag, Frankfurt a. M., 1994

Petzold, Leander: Die freudlose Muse – Texte, Lieder und Bilder zum histo-

»Holz«

Seite 104/105 aus: Willi Fleming (Hrsg.): Nicola Sabbattini (1574–1654) – Anleitung Dekorationen und Theatermaschinen herzustellen. Gesellschaft der Bibliophilen, Weimar, Jahresausgabe 1926, 2. Nachdruck der Ausgabe Ravenna, »Practica di fabricar scene, e machine ne'teatri«, 1638.

Seite 112/113: Liebig-Bild Nummer 3 »In der Lithographie«, aus der Serie 696 (1906)

Seite 122/123 aus: Verordnung des Herzogs von Braunschweig von 1801, Urkunde Nr. 1568 aus der Sammlung Eduard Dreßen – www.edressen.de.

Seite 130/131: Schussermühle, Entwurf und Zeichnung von Bauinspektor Gottfried Eberhard/Staatsarchiv Coburg, Signatur StACo, Min E Nr. 3261, fol. 11

Seite 138/139: Karte von Caspar Henneberg, Elbing 1576, Mare Balticum, Ostpreußen, Samland/Karte von Caspar Henneberg, Elbing 1576, Mare Balticum, Ostpreußen, Samland/Henry J. Bruman Map Collection/Collections, Research and Instructional Services, UCLA Library, Los Angeles

Seite 146/147: alte Medizin-Etiketten, Internet/Rechteinhaber unbekannt

Seite 156/157 aus: Wikipedia, gemeinfrei

Seite 166/167 aus: Zeidler Universal-Lexicon Aller Wissenschafften und Künste, 1731-1754, Band 32, Seite 0532, Bayerische Staatsbibliothek, München

Seite 172/173 aus: Stukenbrock Hauptkatalog 1926. Mit freundlicher Genehmigung des Georg Olms Verlags AG, Hildesheim

Seite 180/181: Zeichnung des Scharfrichters der Stadt Lemgo, Johann Henrich Ernst Clausen (1763 bis ca. 1842), Anleitung zum Bau eines Scheiterhaufens, ca. 1800/Fotosammlung des Stadtarchivs Lemgo © Stadtarchiv Lemgo

Seite 190/191 aus: Die Bezircken, Körperschaft: Köln, Erschienen: [S.l.], ca. 1700, Sachgebiete: Th 9701, Signatur: 16 in: Th 9701/ Bildarchiv Preußischer Kulturbesitz/ Handschriftenabteilung, Staatsbibliothek zu Berlin – Preußischer Kulturbesitz

Seite 196/197 aus: Marianne Bernhard (Hrsg.): Silhouetten und Scherenschnitte in Deutschland im 18. und 19. Jahrhundert. Staackmann Verlag, München, 1978 mit freundlicher Genehmigung des L. Staackmann Verlages, Linden

挿絵について

挿絵はすべてイルメラ・シャウツが作成した。その際、以下の文献およびそこに掲載された挿絵を参考にした。

Seite 16/17 aus: Wikipedia (in: Wolfgang Schneider: Berlin, Gustav Kiepenheuer Verlag, Leipzig u. Weimar 1983, Karte von Geheimrat Carl Ludwig von Oesfeld), gemeinfrei

Seite 24/25 Illustration aus Meyers Konversationslexikon: Darstellung der Eingeweide des Menschen, Chromlithographie; 6. Auflage, Bibliographisches Institut Leipzig (Auflagezeitraum: 1902–1920), Illustration angelehnt an ein französisches Originalplakat, das mit folgender die Aufschrift versehen ist:
Mac Norton The Aquarium Man (Rechteinhaber unbekannt)

Seite 32/33 aus: Meyers Konversationslexikon; zum Artikel »Ameisen« a. a. O.

Seite 40/41 aus: »Bramborski Casnik« (niedersorbische Zeitung) vom 11. 03.1897, 05.07.1900, 11.03.1896, 21.07.1898/Wendisches Museum, Cottbus/Serbski muzej, Chóśebuz/ www.wendisches-museum.de

Seite 48/49 aus: Josef Winckler: Doktor Eisenbart. Deutsche Verlagsanstalt, München, 1929

Seite 56/57 aus: Meyers Konversationslexikon; 5. Auflage, Bibliographisches Institut Leipzig, (Auflagezeitraum: 1893–1901), zum Artikel »Wale«

Seite 66/67 aus: The Agile Rabbit Book of Historical and Curious Maps/Agile Rabbit Editions/ published by The Pepin Press, www.pepinpress.com

Seite 82/83: WStLA, H.A.-Akten, S44: Verlassenschaftsabhandlung Angelo Soliman, mit freundlicher Genehmigung der Wienbibliothek

Seite 74/75 aus: Corpus Constitutionum Marchicarum von Otto Mylius, 7. Band, II HA Generaldirektorium, Abt. 14 Kurmark, Materien, Tit CCXIV Edicte und Patente Nr. 34, Bl.4. Rechte: Geheimes Staatsarchiv/GStA PK, Berlin/BPK, Berlin
Seite 94/95 aus: Meyers Konversationslexikon 6. Auflage a. a. O., zum Artikel

マ行

ナ行

ハ行

タ行

サ行

カ行

索引

ミヒャエラ・フィーザー ／ Michaela Vieser　（著述業）

1972年生まれ、ロンドンのSOASで日本学及び東洋美術史を学ぶ。修了後、奨学金を得て東北大学で日本美術史を専攻。6年にわたり日本に滞在、国際メディアのジャーナリスト兼プロデューサーとして働く。そのうち、九州の寺院で過ごした1年は決して忘れることができない。eintauchen（この語は仏教では如何なることを言うのだろうか。剃髪あるいは得度か。因みにキリスト教では、全身を水に浸しておこなうバプティスト派の受洗）することを許され、日本の心に触れたように思う。この体験に基づいた自伝的な著作『仏陀とお茶を—日本の寺院で過ごした1年』はドイツでベストセラーになった。現在ベルリン在住。

イルメラ・シャウツ ／ Irmela Schautz　（挿絵画家）

シュトゥットガルトとミュンスターの大学で美術/グラフィックアート、舞台装置および衣装デザインを学ぶ。1996年から98年までミュンスターのヴェストファーレン州立考古学博物館で学術デッサンを担当。忘れられないのは、2001年に仕事で東京に半年間滞在したこと。世田谷区の演劇グループ「燐光群」で舞台衣装を学び、東京芸術大学学生有志によるモーツァルトのオペラ『コシ・ファン・トゥッテ』（東京オペラ・アカンサス）の衣装を担当したという。日本の美術、特に紙の文化からその後の仕事に多大な影響を受けた。2005年以降は挿絵に専念。ベルリン在住。

吉田正彦 ／ よしだ・まさひこ　（文筆業、翻訳業）

元明治大学文学部教授。近世、近代のドイツ文学および文化を専攻。近年はドイツにおける死者伝説等、伝承を研究。また16、17世紀に多く出版された挿絵入り一枚刷り印刷物Flugblatt（びら）の解読、紹介に努める。
著書に、『郁文堂　独和辞典』（共同執筆、郁文堂出版）、馬場・三宅・吉田編『ヨーロッパ—生と死の図像学—』（共同執筆、東洋書林）ほか。論文に「聖書を読まなかった修道僧　ルター」（明治大学図書館『図書の譜』10号）、「中世末期および近世初期のヨーロッパにおける物語の形成と継承」（明治大学人文科学研究所紀要　第62冊）、「男はみんな狼よ—「赤頭巾」をめぐる三匹の狼—」（明治大学文学部『文芸研究』61号）、「『サザエさん』に見る戦後日本」（明治大学『東京とウィーン—占領期から六十年代までの日常と余暇—』）など。

西洋珍職業づくし
—数奇な稼業の物語—

2014年8月20日　初版発行

著　者　ミヒャエラ・フィーザー
挿　絵　イルメラ・シャウツ
訳　者　吉田正彦

装　幀　尾崎美千子
発行者　長岡　正博
発行所　悠　書　館

〒113-0033
東京都文京区本郷2-35-21-302
TEL03-3812-6504
FAX03-3812-7504
http://www.yushokan.co.jp/

印刷・製本　(株)理想社

ISBN 978-4-903487-93-9
定価はカバーに表示してあります